AF369785

Apollon, conseille à Melpomene et à Thalie, de joindre
[...] Theatre [...] du Theatre.

LA PRATIQUE DU THEATRE

Par L'ABBE' D'AUBIGNAC,

TOME TROISIEME

contenant

TERENCE JUSTIFIE'

Ou deux Diſſertations ſur l'Art du Theatre, dont la Premiére eſt un Diſcours où l'on fait voir que la troiſiéme Comédie de Terence, intitulée

HEAUTONTIMORUMENOS

eſt dans les regles des Anciens Poëtes.

La Seconde contient pluſieurs Maximes du Poëme Dramatique, & diverſes Queſtions curieuſes & utiles pour la connoiſſance de l'Antiquité.

A AMSTERDAM,

Chez JEAN FREDERIC BERNARD,

MDCCXV.

PREFACE.

Oici un Ouvrage que j'ai tiré de la pouſſiere où il étoit preſque enſeveli, & qui probablement ſembloit être deſtiné à ne voir jamais le jour, ſi je n'en euſſe fait une eſpece de larcin à ſon Auteur. Ceux qui connoiſſent Monſieur l'Abbé Hedelin d'Aubignac n'auront pas beaucoup de peine à ſe perſuader ce que je dis. Ils ſavent que depuis que ſon indiſpoſition & ſes maladies l'ont contraint de ſacrifier au Repos, il l'a trouvé ſi neceſſaire à ſa ſanté, que rien n'a été capable juſques ici de le reſoudre à violer le ſerment qu'il lui a fait. Il y a plus de quinze ans que cette Réponſe eſt achevée, & je croi en verité, que ſi on l'eût voulu laiſſer faire, il lui auroit fallu pour le moins encore autant de temps pour ſe diſpoſer à la faire imprimer. Car outre que ſon inclination naturelle le portoit aſſez volontiers à ne pas ſe donner cette peine, il en avoit une excuſe fort legitime : parce qu'ayant traité dans ces deux Diſſertations pluſieurs

                    queſ-

questions du Poëme Dramatique, il sembloit qu'il étoit comme obligé de les joindre à sa Pratique du Theâtre, qui est un Ouvrage de fort longue haleine, qu'il a entrepris, & qu'il a déja fort avancé. Mais comme il n'y a pas apparence qu'il soit si-tôt en état de paroî-tre, & que des occasions particulieres ne per-mettent pas de differer davantage ; j'ai crû qu'en publiant cette réponse separément, je rendrois un service également avantageux & à mon Ami & au public ; puis que l'un n'en peut remporter que de l'honneur & de la gloire & qu'à l'autre il n'en sauroit reve-nir que du plaisir, & de l'utilité. Aussi ne doute-je point qu'elle ne soit parfai-ment bien reçuë, le stile en est si pur, l'ex-pression si naïve, les pensées si delicates, & sur tout il se remarque en la plûpart des en-droits tant d'érudition jointe à une vivacité d'esprit si merveilleuse, qu'il ne se peut rien concevoir de plus achevé. Mais ce que j'y prise le plus, c'est qu'au moins elle servira à desabuser le monde, & à reprimer la vanité de ce faux Critique qui veut s'ériger par son propre suffrage en arbitre de tous les Doctes. Ces sortes de guerres qui se font sur le Par-nasse ne sont ni sanglantes ni funestes, les effets n'en peuvent être qu'heureux, & comme el-les sont toutes spirituelles, la victoire en de-

meure

PREFACE.

meure toûjours au plus digne & à celui qui a
le plus de merite. Graces au Ciel, la Tyrannie n'a point encore été établie dans la Ré-
publique des Lettres. C'eft un païs de fran-
chife & de liberté, qui s'eft confervé jufques
ici dans fes premiers droits. Ceux qui ont
porté leurs conquêtes jufques aux extremitez
de la terre, ne les ont jamais eftenduës jufques à elle. Lors que des feditions & des trou-
bles s'y font élevez, ce n'a été que pour un
temps. La verité à la fin eft venuë toujours à
bout du menfonge; & quand un fiecle s'eft
montré quelquefois injufte, la pofterité n'a
jamais manqué d'en faire raifon.

IN TERENTII

DEFENSIONEM A NOBILISSIMO

DOCTISSIMOQUE VIRO

D. HEDELINO

ABBATE ALBINIACENSI

EDITAM.

Condemnat quicumque tuos, Venus Afra, lepores
  Et nævum in forma vult reperire tua:
Non modo damnati reus est, mihi crede, Terenti,
  Aut debet pœnas, culte Menandre, tibi.
Scipiadem at Magnum, teque, ô clariffime Læli,
  Impetit, Heroas follicitatque duos.
Nimirum veftri Mufam juviftis Alumni,
  Conditur veftro pagina multa fale.
Ergo age, Docte Hedeline, tuas hîc exere vires;
  Grandiloquo Illuftres ore tuere viros.
Nolueris linguam fortaffe impendere Servo;
  Dicere pro tantis, gloria magna, Reis.

FRANC. OGERIUS.

AVANT-PROPOS

DE MONSIEUR

L'ABBÉ D'AUBIGNAC,

A M^r. MENAGE.

 Ous ſavez bien, Monſieur, que ce n'eſt pas un deſir impatient de paroître au monde qui m'a fait conſentir à l'impreſſion de cette ſeconde Diſſertation avec la premiere, il y a quinze ans & plus que je la tiens priſonniere dans les tenebres de mon cabinet, d'où je ne l'ai jamais tirée que pour ſatisfaire à la curioſité particuliere de ceux qui me l'ont demandée. A peine étoit-elle achevée que Monſieur d'Ablancourt, & feu Monſieur le Pailleur lors mes voiſins & mes amis, autant par la conſideration de leur merite, que par la douceur de leur ſocieté, en firent beaucoup d'eſtime & beaucoup d'inſtance pour me la faire donner au public. Monſieur Nublé que j'ai toujours mis au rang des premiers Savans de nôtre ſiecle, & un de vos meilleurs amis la vid dès ce temps, & m'en rendit un témoignage très-favorable, pluſieurs autres perſonnes de condition, des Eccleſiaſtiques il-

luſtres,

luſtres, des Preſidens de merite, des Advo-
cats fameux, en ont voulu prendre leur divertiſſement avec une approbation plus grande que
je n'avois eſperée, & s'il n'étoit rien arrivé de
nouveau qui m'engageat à cette neceſſité, j'aurois peut être, auſſi facilement arrêté le cours
de cette impreſſion, comme je fis il y a cinq
ans, lors qu'un nommé l'Anglois Imprimeur
m'en avoit déja tiré la premiere feuille. Auſſi
me puis-je flatter de cette penſée, que je n'ai
pas grand beſoin de prendre cette voye pour
être connu des gens d'honneur & de capacité,
& qu'il y a long-temps que par des moyens
plus avantageux & plus conformes à l'une &
l'autre profeſſion que j'ai ſuivie, j'ai acquis
quelque part en leur bienveillance, & peut-
être en leur eſtime. Vous ne pouvez pas dire
auſſi que j'écris pour vous faire injure, ce ne
fut jamais mon deſſein, je vous l'ai trop clairement, & trop favorablement juſtifié, & ſi
vous aviez peu prendre les mêmes ſentimens
que moi, il n'y auroit pas une parole dans
tout mon Ouvrage qui ne fut entierement à
vôtre goût. Je vous avouë qu'ayant trouvé vôtre réponſe au retour d'un aſſez grand voyage, dont vous aviez pris l'occaſion pour la
faire imprimer, parce que non ſeulement vous
l'aviez beaucoup augmentée ſuivant mes avis,
au delà de ce que vous m'en aviez fait voir;

maïs

mais que vous l'aviez encore remplie de plufieurs paroles injurieufes que vrai-femblable-
ment vous n'euffiez ofé me montrer dans un
temps auquel vous feigniez être de mes amis.
J'avouë, dis-je, qu'ayant été folicité par plufieurs perfonnes d'érudition, de juftifier mon
premier Difcours, je le fis avec un peu de chaleur, & l'indignation mêla quelques expref-
fions un peu dures dans l'obligation de me defendre, & de proteger la verité. Mais Mon-
fieur Nublé ayant marqué dans mon manufcrit
qu'il prit la peine de lire tout entier, quelques endroits qu'il jugeoit vous devoir être un
peu defagreables, & m'ayant confeillé de les
adoucir, je penfai qu'il falloit pour cela laiffer dormir l'ouvrage & rafraichir l'ardeur de la
compofition. Et je vous jure qu'ayant revu
dans un fentiment plus calme vôtre difcours,
& mon Apologie, je me trouvai dans un grand
mépris de toutes vos injures, & je perdis la
penfée d'y répondre. Mais tous ceux qui voyoient cette Differtation me preffoient fi vio-
lemment de la donner au public, en me per-
fuadant qu'elle en feroit fort bien reçuë, qu'enfin ma refolution fe laiffa vaincre: Je crus néanmoins qu'il y falloit agir en galant homme, &
reduire notre difpute dans une auffi grande mo-
deration que les matieres en font belles & cu-
rieufes, & pour cela j'en voulus faire toutes les
avan-

avances d'honneur. Il est bien vrai que je n'ai qu'un témoin de mon procedé, mais il est du nombre de ceux qu'on peut dire, aux termes de Seneque, en valoir mille, c'est de Monsieur Chapelain, dont je parle, & de qui la probité n'est pas moins connuë que la haute doctrine. Je lui portai cet ouvrage, pour la publication duquel il m'avoit souvent pressé lui-même, & je l'en rendis maître jusqu'au point d'en pouvoir ôter ou changer tout ce qu'il jugeroit à propos, pour en demeurer aux termes de la derniere civilité; mais à condition qu'il obtiendroit de vous le même pouvoir sur vôtre réponse, m'offrant en ce cas de les faire imprimer ensemble; afin que les Doctes pussent juger de la diversité de nos sentimens avec plus d'ingenuité, n'étant obligez de prendre aucun parti par les interêts des personnes. Vous aviez cet avantage que vôtre réponse avoit déja été vûë du public avec toutes ses injures, & je prenois pour juge votre Ami, qui vous aime au point d'avoir jetté les fondemens de votre fortune, & de votre premier établissement dans le monde, & qui par consequent pouvoit encore prendre part à votre reputation. Aussi crut-il d'abord que vous ne refuseriez pas cette condition, parce que vous ne deviez pas la refuser. Mais quand peu de jours après il fut obligé de me dire l'effet de sa negociation, je vous proteste que les paroles

lui

lui manquoient à la bouche, tant il en étoit surpris, & qu'il eut bien de la peine à me faire entendre que vous aviez répondu aux termes de Pilate, *Quod scripsi, scripsi.* Certainement j'eu peine à le croire; mais je n'en doutai plus, quand Monsieur Chapelain tira de son cabinet cette Dissertation pour me la rendre, m'assûrant qu'elle étoit telle que je la lui avois donnée, & que ce seroit me faire autant d'injure en y touchant que vous m'en faisiez en ne voulant pas qu'on touchât à votre réponse. De sorte qu'en bonne Morale la soûmission que j'ai renduë au jugement d'un si honnête-homme, & le refus que vous avez fait de vous y soûmettre, font que ce n'est plus moi qui écrit en cet ouvrage les choses dont vous vous pouvez plaindre, & que c'est vous seul qui avez absolument voulu qu'elles soient écrites. Ce n'est pas que vous deviez apprehender autre chose que la manifestation & la preuve de vos erreurs, & qu'il y ait rien qui ne se puisse dire honnêtement dans une dispute d'érudition, selon même le sentiment de plusieurs de nos Amis communs. Je vous confesse pourtant que je ne peu lors me resoudre encore à faire voir cet Ouvrage, & j'esperois que le temps vous donneroit des pensées plus raisonnables; mais deux ans après vous fîtes imprimer toutes vos œuvres, & je fus bien étonné d'y voir ma premiere Dissertation, sans

mon

mon confentement, fans m'en avoir parlé, &
même fans m'en avoir envoyé un exemplaire
par forme d'excufe. Je ne puis comprendre
avec quelle autorité ou plûtôt avec quelle temerité vous avez mis la main fur ce qui m'appar-
tient. Je fai bien que vous pretendez être en
droit *d'adopter* les ouvrages d'autrui, & que
pour faire un petit Volume de mélange, qui
pût-être relié autrement qu'en papier bleu,
vous avez fait imprimer plufieurs pieces des
plus beaux Efprits de ce temps, & que vous
vous attribuez fous le nom de livre adoptif.
Mais chofe étrange! vous êtes tellement en
poffeffion de ne rien faire qui ne reffente le larcin, que vous avez même derobé ce titre au
docte Heinfius, avec cette difference pourtant
qu'après un grand Recueil de diverfes Poëfies
éclatantes d'érudition & d'un beau Genie, il a
mis fous ce titre quelques petites pieces de fes
amis, qui concernoient fon Ouvrage & qui
par leurs Eloges fervoient à l'intelligence de
plufieurs chofes, au lieu que vous avez fait un
Livre Adoptif auffi gros que tout le refte de vos
Mélanges, où vous avez fait entrer une infinité
de pieces auxquelles vous n'avez aucun interêt, finon qu'on vous les avoit envoyées. Si
pourtant vous euffiez mis mon Ouvrage parmi
ceux que vous avez adopté, je me ferois confo-
lé de le voir en fi bonne compagnie; mais je
n'ai

n'ai peu souffrir de le trouver comme un miserable captif au milieu des vôtres & de voir la verité si mal traitée, & la lumiere dans les tenebres. Vous ne devez donc pas trouver mauvais que je retire mon bien des mains d'un Usurpateur. Quand vous l'auriez adopté, vous n'auriez pas droit de le retenir contre ma volonté, & souffrez que ma seconde Dissertation comme une genereuse Amazone vange l'outrage que vous aviez fait à mon premier enfant. Mais après tout, Monsieur, vous pourriez-vous bien imaginer que ces considerations soient les veritables motifs qui m'ayent obligé de réveiller cette querelle après quinze ans que je vous ai laissé jouir paisiblement de la joye de m'avoir dit tant d'injures dans votre réponse? Je vous jure que la gloire de Térence, ni les interêts du Theatre ne me sont pas assez sensibles pour troubler ainsi mon repos. Vous savez bien, & votre conscience seule en sera témoin, que depuis quelques mois vous m'avez reduit à la necessité de faire savoir publiquement que vous n'êtes pas mon Ami. Je ne veux pas qu'on croye que je vous hay; car il n'est pas veritable; mais il faut qu'on sache que vous ne m'aimez pas, car cela m'est important. Souffrez que je ne m'explique pas davantage, & que mon silence serve de voile à votre calomnie, aussi bien qu'à mes ressentimens; Vous n'avez pas d'affection

pour

pour moi, je ne veux pas vous y contraindre; Mais je n'en puis deviner la cause. Je n'ai jamais manqué de civilité ni d'estime envers vous, & vous m'en devez encore beaucoup de reste, dont je vous quitte. C'est une haine gratuitement conçuë dans votre esprit, vous n'étes pas obligé de m'en rendre raison non plus que Martial à Sabidius ; Mais vous ne devez pas trouver mauvais que je le fasse savoir à tout le monde, & je ne le puis faire plus modestement que par le consentement que j'ai donné à l'impression de cet Ouvrage. Ne vous fâchez pas d'y trouver encore la qualité que vous aviez au temps qu'il fut fait ; car mes Amis n'en ont rien changé. Vous y rencontrerez encore le grand Luxembourg & l'Hôtel de Richelieu, quoi qu'ils portent maintenant le tître de Palais. Et si mes Amis qui l'ont mis sous la presse & qui ont pris le soin d'en lire les épreuves, n'en ont aussi corrigé plusieurs choses, je ne doute point qu'il n'y en ait beaucoup hors de saison. Vous en ferez néanmoins tel jugement qu'il vous plaira ; mais plus vous en direz de mal, plus vous me ferez de plaisir, & vous étes le seul de qui j'apprehende l'approbation.

L E T-

LETTRE
DE Mʀ. MENAGE
A MONSIEUR
L'ABBE' D'AUBIGNAC;

Qui doit servir de fondement à ces deux
Dissertations, comme elle en a donné le sujet.

ONSIEUR,

*C'est l'Heautontimorumenos qui n'est
pas dans la regle du jour artificiel, puis-*

Tom. III.　　　　　**　　　　　*que*

que vous expliquez ainſi ces mots d'Ari-
ſtote ὑπὸ μίαν περίοδον ἡλίου, comme je
ne doute point auſſi qu'ils ne doivent s'entendre ; Car vous vous ſouviendrez, s'il
vous plaît, que Chremes dans la premiere Scene du premier Acte trouve Menedemus travaillant à la terre & qu'il le
prie de ſouper ; & néanmoins tout au
commencement du troiſiéme Acte, il le va
chercher le lendemain matin, luciſcit hoc
jam : ceſſo pultare oſtium, & ce qui
ſuit. Jules Scaliger dans ſa Poëtique
pour ſauver Terence, dit que cette Comedie fut repreſentée à deux fois, la premiere le ſoir, & l'autre le matin ſuivant, à
cauſe des jeux auſquels on paſſa toute la
nuit, & qu'il la faut conſiderer comme
ſi c'étoit deux differens Poëmes : Ce que
le Poëte, dit-il, témoigne aſſez dans ſon
Prologue, duplex quæ ex argumento
facta eſt ſimplici. Prenez, s'il vous
plaît, la peine de voir les paroles de Scaliger, c'eſt au Livre ſixiéme, Chapitre
trois. Mais je ne penſe pas que cette ſo-
lution vous ſatisfaſſe, outre que ce Vers
ne

LETTRE.

ne s'entend pas de la sorte, comme vous
pouvez voir par ceux qui le precedent &
qui le suivent, & aussi par l'interpretation d'Eugraphius qui est le plus ancien
Scholiaste que nous ayons à present sur cette Comedie, le Commentaire que Donat y
avoit fait, ayant été perdu. Au reste, il
est à remarquer que quand Aristote parle
de cette regle de la longueur du Poëme Dramatique qu'il enferme entre le lever, &
le coucher du Soleil, il use du mot de
πειρᾶται, πειρᾶται ὑπὸ μίαν περίοδον ἡλίου εἶναι,
comme s'il vouloit dire que c'est le dessein,
mais qui n'est pas toûjours executé, &
qu'il ajoûte ensuite ἢ μικρὸν ἐξαλάττειν:
Ce qui montre que cette regle ne s'observoit pas toûjours si exactement. Je ne
dispute pourtant pas de l'usage que je sai
qui est de vôtre côté: Ce que je soûtiens,
c'est qu'il n'y a nul inconvenient de ne le
pas suivre, & que l'excès de ces Poëmes
doit être proprement consideré par la multitude de la matiere qu'Aristote appelle
Polymythie, & par le nombre des Vers.
Ma di questo à Bocca, & quand je se-

rai

LETTRE.

*rai dans mon humeur Hypercritique. Je
vous envoye le Vitruve que vous m'avez
demandé   Munus meum ornato verbis.
Je vous baise les mains de tout mon cœur,
& suis de même,*

MONSIEUR,

Vôtre très-humble serviteur

MENAGE.

OBSERVATIONS

SUR LA LETTRE

DE

Mᴿ. MENAGE.

ETTE Lettre juſtifie trois choſes qui ſont traitées plus au long dans ces deux Diſſertations.

La premiere, que Mr. Menage lors de ſa converſation avec Monſieur l'Abbé d'Aubignac ſur le ſujet du Theatre dans le Luxembourg, avoit ſi peu ou ſi mal étudié les Comedies de Terence qu'il ne ſavoit pas laquelle étoit ſuſpecte d'irregularité chez les mauvais Critiques, ayant mis en avant que c'étoit l'Hecyre, qui ſans doute eſt l'une des plus ingenieuſes & regulieres de l'antiquité,

La ſeconde, que Mr. Menage étoit lors dans l'erreur de quelques modernes qui ſe ſont imaginé contre la raiſon, l'autorité & les exemples, une pretenduë regle de vingt-qua-

** 3

tre

tre heures, c'est-à-dire, que le Poëme Dramatique represente une action arrivée dans l'espace d'un jour naturel composé de vingt-quatre heures; puisque par cette lettre il demeure d'accord qu'il faut entendre le precepte d'Aristote du jour artificiel, comme Monsieur l'Abbé d'Aubignac l'en instruisit dans cette conversation, en lui enseignant les Auteurs qui l'en detromperent dès le soir.

La troisiéme, que Monsieur Menage n'avoit lors aucune connoissance de l'art du Theatre, puisqu'il en ignoroit les maximes les plus communes qui en sont les rudimens & les principes.

En un mot cette lettre fait voir que la perfidie de sa memoire s'étoit jointe aux erreurs de son jugement.

TABLE

TABLE

DES

CHAPITRES

ET DES

MATIERES

traitées en ces deux Diſſertations.

PREMIERE DISSERTATION.

** 4

Que

TABLE DES CHAPITRES

✽✽✽✽✽✽✽✽✽✽✽✽✽✽✽✽✽✽✽

SECONDE DISSERTATION.

ET DES MATIERES.

** 5   CHAP. V.

TABLE DES CHAPITRES

TABLE DES CHAPITRES

Troisié-

ET DES MATIERES.

TERENCE

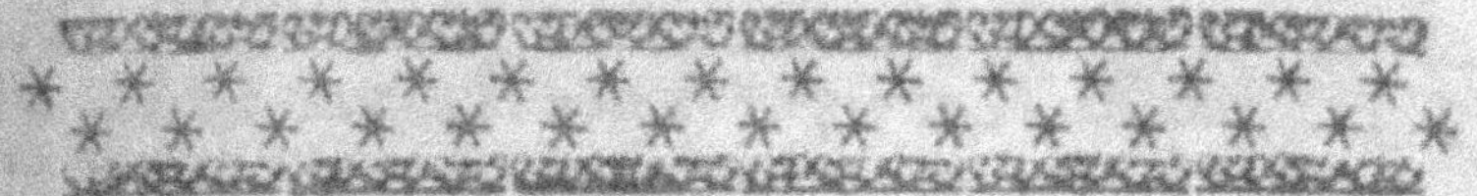

TERENCE
JUSTIFIE'.

I. DISSERTATION

OU

Discours sur la Troisiéme Comedie

DE TERENCE,

intitulée

HEAUTONTIMORUMENOS,

Contre ceux qui pensent qu'elle n'est pas dans les
regles anciennes du Poëme Dramatique.

A MONSIEUR MENAGE.

JE n'entreprends pas cette dispute pour excuser Terence de quelque notable faute qu'il
ait commise contre les loix du Poëme Dramatique ni pour sauver avec subtilité quelque
licence au delà de son art. Il a trop bien entendu le
Theatre pour y avoir failli, & je suis trop rigoureux

pour lui pardonner le moindre defordre auquel il ne me pourroit fatisfaire. Je veux que fans mon fecours, il repouffe l'injure qu'on lui fait, & que fon ouvrage fe juftifie par foi-même. C'eft une neceffité de ce Poëme, & qui veut beaucoup d'adreffe. Il faut que les Acteurs fourniffent des réponfes à toutes les objections que l'on peut faire contre le Poëte; & ceux qu'il fait parler agreablement en public, nous doivent apprendre qu'il a travaillé judicieufement dans fon cabinet. Je vous écris feulement, afin de vous obliger à confeffer que vous avez blâmé Terence pour ne l'avoir pas bien lû, & pour n'avoir pas bien exactement confideré les paroles de Scaliger, qui vous ont donné cette penfée comme à beaucoup d'autres : & pour vous montrer que vous ne dites pas tant de veritez dans le Jardin de Luxembourg, que de galanteries.

J'établi donc pour un fondement folide & neceffaire à ce Difcours, que les Poëtes anciens de Grece & d'Italie, dont il nous refte quelques Ouvrages, n'ont jamais reprefenté fur le Theatre aucune action qui n'ait pû vraifemblablement fe faire dans le tour d'un Soleil, c'eft-à-dire en moins de *douze heures*. J'en remets toutes les raifons pour une autre occafion, puis que vous en demeurez d'accord. Je dirai feulement que la regle de *vingt-quatre heures*, dont on fait tant de bruit maintenant, eft une imagination de quelques-uns qui ont trompé les autres, après s'être trompez eux-mêmes. Et ceux qui demandent, où eft écrite cette regle, ont grande raifon; car je ne croi pas qu'il s'en trouve rien dans les bons Auteurs. Ceux qui ont enfeigné l'Art Poëtique, ont bien dit qu'il falloit renfermer l'étenduë de l'action du Theatre dans le tour d'un Soleil, c'eft le mot d'Ariftote, que l'on a mal-à-propos interpreté pour (a) *vingt-quatre heures*: & ceux qui ont fait des Poëmes Dramatiques, n'ont jamais pris un fi long-temps, comme il eft aifé de l'obferver, en lifant leurs Ouvrages. Car s'ils mettent fur le Theatre une action faite de jour,

ils

____

(a) *Poët. Chap. V.* ὑπὸ μίαν περίοδον ἡλίου.

ils font connoître par divers artifices, qu'elle n'a commencé qu'après le lever du Soleil, & qu'elle a fini devant qu'il se soit couché : & s'ils ont representé quelque chose qui se soit passée de nuit, ils ont pris peine à faire entendre industrieusement, qu'elle a commencé après le coucher du Soleil, & qu'elle a fini devant qu'il soit remonté sur l'Horison. Cela posé, je viens à mon sujet.

On accuse Terence qu'en sa troisiéme Comédie, intitulée *Héautontimorumenos*, il met ses Acteurs sur le Theatre dès le soir, & qu'ils n'en sortent que le lendemain; & qu'ainsi leur faisant representer deux actes en un jour, & trois en l'autre, il comprend dans son Poëme, *deux jours & une nuit*; En quoi, dit-on, il excede l'espace de *douze heures*. Et l'on ajoûte que quelques Critiques y ont remarqué cette faute, & que Jules Scaliger la voulant excuser, n'en donne que de mauvaises raisons. Mais je pretends faire voir aisément, que Terence n'a point failli contre cette regle, & que Scaliger ni les Critiques n'ont jamais pensé de l'en accuser. C'est une erreur de ceux qui ont lu dans Scaliger, *Vasta est, inquiunt, hians, & inanis hæc Comœdia*. Car ne sachant pas quelles ont été toutes les maximes des anciens Poëtes Dramatiques, & aiant oüi parler de celle du temps, ils se sont imaginez que Scaliger & les Critiques ont écrit, que cette Comedie excedoit l'espace de *douze heures*. Mais ces paroles ne se doivent pas entendre de la sorte, & ne signifient rien autre chose, sinon, qu'en cette Comedie, *il y a du vuide & du temps perdu*, ce que j'expliquerai dans la suite.

Quant à moi, qui ne me suis jamais satisfait des Critiques ni des Commentateurs, si je n'ai cherché leurs sentimens dans les Auteurs mêmes, j'ai relu cette Comedie fort exactement, & j'ai trouvé qu'elle est toute entiere dans cette regle de *douze heures*, contre la pensée de quelques-uns; & qu'il n'y a *point de temps perdu*, contre l'avis des mauvais Critiques : deux difficultez que je m'efforcerai de resoudre en ce discours.

A 2　　　　　　Pour

Pour bien entendre l'une & l'autre, il faut savoir,
que l'histoire de cette Comedie est arrivée dans Athenes, & dans une nuit en laquelle on celebroit l'une des
fêtes de Bacchus, particuliére aux Atheniens.

Or les (*a*) Atheniens avoient deux fêtes principales en
l'honneur de Bacchus. La premiere étoit nommée les
grands mysteres, qui duroit cinq jours, & se celebroit
au mois de Boëdromion, qui tenoit d'Août & de Septembre. La seconde, nommée les petits mysteres,
contenoit diverses fêtes solemnisées au mois d'Anthesterion, d'où elles sont nommées d'un nom general Anthesteria, & entre lesquelles étoit celle qu'ils nommoient *Pithægia*, comme qui diroit, *l'ouverture des tonneaux.*

J'estime que la fête (*b*) de Bacchus en laquelle est
arrivée l'histoire de cette Comedie, étoit celle d'entre
les petits mysteres, nommée *Pithægia*, contre le sentiment de Melanchthon, & voici pourquoi. Cette fête
étoit proprement une fête de bonne chere, en laquelle
les voisins s'assembloient avec leurs ouvriers, leurs esclaves, & quelques compagnies du Bourg : & faisant
débauche toute la nuit *ils ouvroient les tonneaux*, dont
la fête eut son nom, & commençoient à mettre les
vins nouveaux en perce, & beuvoient lors les meilleurs ; comme on voit en ces termes d'Hospinian : (*c*)
*Servos mercenarios & rusticam turbam advocabant, reline-
bant dolia & nova vina gustabant.* Et la débauche de
cette nuit étoit si grande, que les valets traitoient de
pair à compagnon avec les maîtres, d'où vint le proverbe Grec : (*d*) *Dehors Cariens, la fête de Bacchus est passée.* Voyons maintenant ce qui se passe dans l'histoire
de cette Comédie.

Chre-

(*a*) *Plutar. in Demetr. Scalig. de Emendat. l.* I. *Hospin. de Origin.
Fest.*
(*b*) *Tzetzes in hes. Suidas. Plut. sympos.* 3. *qu.* 7. *& * 8. *qu. ult.*
(*c*) *De Fest. Ant.*
(*d*) Θύραζε Κᾶρες οὐκ ἔτι Ἀνθεστήρια.

Chremes comme l'un des plus considerables de son Bourg, fait grand festin à ses voisins, il prie Menedemus, *Dionysia hic sunt hodiè, apud me sis volo.* Il trouve bon que son fils Clitiphon ait prié Clinias & sa Maîtresse d'être de la partie, *è navi egredientem adduxi illicò ad cœnam.* Il se met en peine pour avertir Phanias & les autres conviez, qu'il est temps de souper. *Ut diei tempus est, monere oportet me hunc vicinum Phaniam, ad cœnam ut veniat.* Il a soin d'aller lui-même à la cuisine, pour voir s'il y a de quoi les bien traiter. *Ibo huc intro, ut videam quid nobis cœne siet.* Il passe toute la nuit à boire avec sa compagnie, & avec celle que son fils Clitiphon y avoit amenée, composée de femmes débauchées & esclaves. *Et unam cœnam atque ejus comitibus dedi.* Il se plaint lui-même qu'on lui a fait une grande dépense. *Nam ut alia omittam pitissando quid vini assumpsit.* Il ajoute qu'il a ouvert tous ses tonneaux & toutes ses cruches. *Relevi omnia dolia, omnes serias,* c'est le terme de la fête, *Relinere dolia.* Et le lendemain matin, quand Bacchide envoye l'une de ses servantes chez Carinus, pour avertir son Fanfaron du lieu où elle est, elle dit, *apud eum miles Dionysia agitat.* Ce qui montre qu'en cette fête, ils passoient ensemble toute la nuit dans la bonne chere, autrement il n'y eût point eu d'apparence de chercher si matin ce Fanfaron dans la maison d'autrui.

Tout ce grand discours pourroit sembler inutile, si je n'ajoutois encore, que le mois Anthesterion étoit un mois du Printemps, ou des fleurs selon son nom; (a) & que cette fête de Bacchus, *Pithægia,* étoit celebrée le onziéme de ce mois, après l'Equinoxe, & après que le vent Favonius, vent du Printemps, étoit passé; parce que dans la Grece, ce vent, dit (b) Plutarque, changeoit
&

(a) *Jos. Scalig. de Emend. temp. lib.* 1. *Hospinia. lib.* 2. *c.* 3. *& ibi Autores antiqui.* περὶ τῶν ἀνϑῶν.
(b) *Plut. symp.* 3.

& gâtoit les vins, si on les beuvoit plûtôt. Car il s'ensuit de là, que la nuit, en laquelle s'est faite l'action
de cette Comedie, étoit l'une des premieres de notre
mois d'Avril, & qu'elle n'avoit pas neuf heures de tenebres, ou peu plus : Car le Soleil se couchoit après
six heures, & se levoit devant six heures : Et le crepuscule étoit d'une heure & demie, ou environ, tant
le soir que le matin, Athenes étant située au trente-
septiéme degré de latitude.   Examinons maintenant la
Comedie en tous ses Actes & en toutes ses Scenes, &
nous verrons, que Terence fait plus qu'il ne devoit,
pour nous faire entendre qu'il n'a point peché contre
son art, & que s'il y a de l'erreur, c'est dans l'esprit
de ceux qui le lisent trop negligemment : & c'est notre
premiere difficulté.

En la premiere Scene, Chremes s'étonne de ce qu'il
ne peut jamais partir si matin, ni revenir si tard en sa
maison, qu'il ne rencontre toûjours Menedeme travaillant en son champ, ou portant quelque marque de
sa peine, ou quelque fardeau. *Numquam tam manè egre-
dior, neque tam vesperè domum revertor, quin te in fundo conspicer fodere, aut arare, aut aliquid ferre.* D'où il
paroît que cette Comedie commence fort tard, autrement il ne se fût pas étonné de cette rencontre, & Menedeme eût répondu quelque chose, au lieu qu'il en
demeure d'accord, & lui rend raison, pourquoi il s'est
lui-même condamné à une si laborieuse vie. Ce qui a
donné quelque pensée, que cette Comedie commence
de bonne heure & durant le jour, est qu'en la lisant,
quelques-uns se sont imaginez, que Menedeme travailloit lors dans son champ ; parce que Chremes lui dit,
Quin te in fundo conspicer fodere aut arare. Mais cela ne
peut être : car si Chremes & Menedeme avoient parlé
dans le champ, il faudroit que le lieu changeât en la
Scene seconde, où Chremes & Clitiphon parlent ensemble en l'absence de Menedeme : faute que Terence n'eût eu garde de faire, ayant toûjours observé rigoureusement l'unité du lieu. Davantage, Menedeme

me difparoit & Chremes demeure fur la Scene; dont le contraire fût arrivé, fi Menedeme eût été dans fon champ, & que Chremes l'eût quitté. Outre que le lieu de la Scene chez les Comiques, eft prefque toujours une place publique, en laquelle regardent les maifons de ceux qui agiffent. Et il feroit ridicule de dire, que dans un bourg d'Athenes, cette place fût le champ de Menedeme. Que fi l'on alleguoit que ce champ eft près du carrefour, & que ces deux vieillards parlent enfemble, l'un étant dans le carrefour, & l'autre dans fon champ, je demanderois ce que devient Menedeme, quand Chremes s'en fepare, quand il ne le voit plus, quand il n'en eft plus entendu. Car s'il demeure en fon champ, il ne deviendra pas invifible aux Spectateurs qui le voyoient auparavant, & qui ne le voyent plus incontinent après: Mais voici comme Terence fait fa reprefentation. Il étoit fi tard que Menedeme, opiniâtre en fon travail, ne pouvoit plus rien faire, & revenoit en fa maifon *avec fes outils qu'il remportoit*: D'où vient que Chremes en le rencontrant devant fa porte, & ayant dit, *Quin te confpicer fodere aut erare*, ajoute, *aut aliquid ferre*, qui font trois actions differentes que Menedeme ne pouvoit faire toutes enfemble: & Chremes lui veut feulement dire que tantôt il le trouve foüillant la terre, tantôt labourant, & tantôt portant *quelques outils ou quelque fardeau*, cette derniere action marque l'état auquel Chremes le rencontre & lui confeille de ne s'en plus charger. *Iftos raftros interea tamen depone*: mais Menedeme lui conte fa mefavanture, refufe d'aller fouper en compagnie, & rentre en fa maifon, Chremes demeurant fur la Scene.

Je dis donc que cette Comedie commence *entre fept & huit heures du foir* aux premiers jours d'Avril, felon notre compte des heures & des mois: ce qui le confirme, c'eft qu'à la fin de cette premiere Scene, Chremes s'avife qu'il eft bien tard, que fes conviez feront déja venus, & qu'il les fera lui-même attendre. *Jamdudum domi aiunt præfto apud me effe, egomet convi-*

vas moror. Depuis cela neanmoins il se passe une grande Scene entre lui & Clitiphon son fils, qui lui conte l'arrivée de Clinias fils de Menedeme, comme il
l'avoit retenu pour souper , & qu'il avoit mandé sa
maîtresse , pour laquelle Menedeme l'avoit si mal traitté; ce que Chremes ne blâme point, à cause que c'é-
toit en un temps de débauche.

Au second Acte, les Esclaves Syrus & Dromo, envoiez il y avoit déja long-temps par Clitiphon & Clinias pour faire venir Antiphile & Bacchide leurs maîtresses, arrivent , & s'appercevant qu'ils s'en étoient
eloignez en discourant, Syrus dit, *Non oportuit relictus,
portant quid rerum , aurum , vestes , & vesperascit , & non
noverunt viam.* Et Dromo retourne au devant d'elles,
ce qui montre qu'il étoit déja nuit close, puisque ces
femmes, chargées de riches habits & de joyaux, pouvoient être volées, si les deux Esclaves ne les eussent
accompagnées , & qu'elles n'eussent trouvé personne
dans les ruës à qui demander le logis de Chremes. Et
sans doute que la nuit étoit bien avancée, d'où vient
que Syrus leur dit à la fin de l'Acte, *Ite intro : nam
vos jamdudum expectat senex.* Car outre qu'ils s'étoient
fait attendre long-temps , ces festins se commençoient
bien tard , comme il se peut voir dans * Stuckius qui cite les Auteurs anciens.

Entre le second & le troisiéme Acte , se fait la grande debauche, où en l'honneur de Bacchus, ils passent
la nuit à boire & à folâtrer sans dormir, comme Chremes le témoigne lui-même. *Somnum hercle ego hac nocte oculis meis non vidi* , parce qu'au lieu de se retirer a-
près la débauche, l'impatience d'avertir Menedeme
du retour de son fils, l'avoit fait sortir de sa maison
pour l'aller trouver, & s'étonne étant dehors qu'il *fasse un peu de jour. Lucescit jam.* Paroles qui font bien
connoitre que c'étoit la premiere pointe du crepuscule, c'est-à-dire environ *les quatre heures du matin.* Aussi

dans

* *Antiq. conv. lib. 2. cap. 11.*

dans le même Acte Syrus qui cherchoit les moiens d'excroquer ce bon-homme, pour satisfaire à Bacchide la maîtresse de Clitiphon qu'il avoit amenée avec Antiphile, le trouvant dehors, admire qu'il sorte si matin après avoir tant beu, *te demiror tam mane*.

Le quatriéme Acte se fait encore de grand matin; car outre qu'il n'y a point d'action dans l'intervalle du troisiéme au quatriéme qui demande beaucoup de temps, nous voions que Sostrate commande à la nourrice d'Antiphile, de lui donner avis, quand cette belle fille se sera lavée, c'est-à-dire, à mon avis, sera hors du bain; *Abi jam intro & illa si jam laverit, mihi nuntia.* Car cette action ou de ceremonie, ou de santé, ou de politesse, se faisoit *le matin*, comme Ovide dit de Sylvia, selon l'interpretation de quelques Savans, *lavaturas mane petebat aquas.* Et ce qui montre encore bien clairement qu'il s'étoit passé peu de temps entre le troisiéme & le quatriéme Acte, c'est que Sostrate ayant receu l'anneau d'Antiphile allant au bain, & l'ayant reconnu pour celui qu'elle avoit autrefois donné avec une petite fille qu'elle avoit fait exposer par l'ordre de Chremes son mari, *elle courut aussi-tôt* pour lui en donner avis, *Ea lavatum dum it, servandum mihi dedit annulum, non advorti primo, at postquam aspexi, illico cognovi, ad te exilii.* Je ne veux pas rechercher en cet endroit, si le quatriéme Acte est bien placé dans nos impressions, ou s'il doit commencer par le discours que Syrus fait seul à la fin de la premiere Scene, c'est un doute que Barlandus a fait judicieusement, & peut-être bien resolu : C'est assez de remarquer ici, que le temps de ce quatriéme est encore bien justifié par ces termes de Bacchide, parlant de Syrus qui l'avoit amenée, & de Clitiphon pour qui elle étoit venuë ; *Dormiunt, ego pol istos commovebo.* Je sai bien que quelques Commentateurs estiment qu'elle se plaint seulement de ce qu'ils sont négligens de lui donner l'argent qu'on lui avoit promis, *mais promis long-temps auparavant le jour de cette Comedie*, comme il paroit

A 5

au second Acte, où Syrus dit qu'il a fait venir Bacchide sans ordre de Clitiphon qui s'en fâche, afin
d'executer un moien qu'il a pensé pour la paier de ce
qu'il lui a promis. *Tum illi argentum quod pollicitus es
eadem hac inveniam via.* Mais j'estime que ces paroles
de Bacchide se devoient entendre litteralement, & que
ne voyant point Syrus qui étoit sorti après le vieillard
pour l'excroquer, ni Clitiphon que son pere avoit envoié promener, comme il se voit au troisiéme Acte,
elle croit qu'ils sont retirez quelque part *yvres &*
endormis; ou si elle pense qu'ils se cachent pour ne la
point payer, elle fait sans doute allusion au temps qu'elle parloit, comme si elle vouloit dire, *ils font les endor-*
mis, à cause qu'il est matin, mais je les *reveillerai bien*:
Et de fait elle dit elle-même à sa servante, que son
Fanfaron passe la fête chez Charinus, comme il est
remarqué ci-dessus; ce qu'elle ne diroit pas s'il eût
été assez grand jour pour croire que ce Fanfaron se
fût déja retiré: Mais elle parloit à une fille qui sa-
voit bien que la débauche de cette fête duroit toute
la nuit, * & qu'elle l'y trouveroit encore, aussi dit-
elle, *Dionysia agitat*, il y passe la fête, & non
pas, il l'a faite, ou il a soupé; car il ne s'ensuivroit
pas qu'il y fût encore.

Reste donc le cinquiéme Acte, qui se fait sans doute *incontinent après* le quatriéme, & partant *bien ma-*
tin. Car tout l'intervalle que l'on y doit comprendre, est le temps necessaire à faire passer Clitiphon
& Bacchide dans une chambre retirée de la maison
de Menedeme & s'enfermer avec elle, comme Menedeme vient conter à Chremes: *Solus, sola, ubi a-*
biere intro, operuere ostium: Et pour ne donner que
peu de temps entre ces deux derniers Actes, le Poëte adroitement fait passer Bacchide & sa compagne
chez Menedeme dès la troisiéme Scene du quatriéme.

* *Horat. Sat. 2. 6. O noctes cœnæque Deûm. Ibi Lamb. conjunxit*
quia totam in noctem producebantur.

ne. *Syr. Transeundum nunc tibi est ad Menedemum, & eò tua pompa traducenda est.* Bac. *Eatur.* Et Clitiphon la suit dès la sixiéme Scene, *Cape hoc argentum, ac defer* : de sorte qu'il restoit peu à faire dans cet intervalle derriere la Scene, hors la vûë des Spectateurs, & ces trois derniers Actes ne peuvent comprendre que *deux heures* ou environ : Ainsi nous voyons clairement que le Poëte commence à mettre ses Acteurs sur le Theatre seulement *à la fin du jour, long-temps après que le Soleil est couché*, c'est-à-dire, entre *sept & huit heures* du soir, & qu'il les en fait sortir environ deux heures ou peu plus après les premiers traits de la lumiere au crepuscule du matin, c'est-à-dire sur *les six heures*, le Soleil montant sur l'horison, qui sont en tout *dix heures ou environ* : Et quand même on étendroit les trois derniers Actes jusques à *sept heures du matin*, en leur donnant une heure à chacun, il se trouveroit toûjours que la Comedie seroit renfermée dans l'espace *de douze heures*, contre l'imagination de ceux qui veulent accuser Terence, d'avoir contrevenu à cette ancienne regle du Poëme dramatique, qu'il a par tout ailleurs si rigoureusement observée. En quoi certes nous avons sujet d'admirer l'artifice de ce Poëte en plusieurs circonstances.

La premiere, d'avoir marqué les divers momens de tout son Theatre par tant de discours épandus çà & là sans contrainte : afin que les Acteurs en parlant de leurs intérêts, justifient son travail.

La seconde, d'avoir fait que les esclaves des deux Amans avoient été envoiez vers leurs maîtresses, auparavant le temps auquel il commence de faire agir ses personnages; afin de ne se point charger d'une intrigue qui l'eût obligé de pecher contre la regle du temps, ou de precipiter tous les evenemens de son Theatre, comme il arrive à ceux qui ne les savent pas démêler avec cette indústrie.

La troifiéme, d'avoir jetté entre le fecond & le troifiéme Acte une action qui defiroit un long temps, telle que la débauche de cette fête ; afin qu'il fût vraifemblable que le jour commençoit à poindre, quand Chremes fortit de fa maifon, au troifiéme Acte.

La quatriéme, d'avoir choifi la nuit de cette fête ; afin qu'il y eût apparence d'affembler des vieillards, des jeunes gens, des femmes & des valets, pour en faire naître toutes fes intrigues ; car dans une autre nuit, il eût fallu bien des refforts pour faire cette affemblée.

La cinquiéme, d'avoir fi bien ajufté ce qui fe paffe dans les deux intervalles des derniers Actes, qu'il ne faudroit pas plus de temps pour en faire les actions que pour les reprefenter.

Confidérations qui nous doivent apprendre, que le Poëme Dramatique eft un ouvrage de conduite bien artificieufe, & que les Anciens ont toûjours été trèsreligieux à l'obfervation des maximes qu'ils ont établies pour y conferver la vraifemblance.

La feconde difficulté fe peut, à mon avis, éclaircir auffi facilement & en peu de mots ; car de ce que nous avons dit ci-deffus, on peut bien connoître qu'il n'y a *ni vuide*, *ni temps perdu* en cette Comédie ; neantmoins pour n'en rien obmettre, voici ce que l'on en peut dire.

Les Maîtres du Theatre ont voulu que le Poëme Dramatique fût une action continuë, fans interruption, & dans laquelle il n'y eût aucun temps que les Acteurs n'employaffent vraifemblablement à faire quelque chofe de neceffaire ; & cette continuité d'action, eft une des principales qualitez de ce Poëme que l'on a pourtant, ce me femble, jufques ici mal obfervée, & peut-être ignorée ; mais comme toutes les circonftances d'une action, ne peuvent pas arriver en même lieu, & qu'ils eftimoient important & raifonnable de garder l'unité du lieu, auffi bien que de l'action, ils ont introduit les intervalles des Actes, afin que les Acteurs

teurs eussent un temps convenable pour les choses qui se doivent faire hors la Scene.

De là vient que les habiles font toûjours dire aux Acteurs qui sortent, où ils vont, & ce qu'il veulent faire; & à ceux qui entrent, d'où ils viennent & ce qu'ils ont fait. Ce n'est pas que le premier dessein des Acteurs réüssisse toûjours, voire même est-il de la beauté du Théatre, que tout se choque & produise des évenemens contraires à leurs intentions & à l'attente des spectateurs: mais il faut que les Actes suivans, en expliquant pourquoi ces premiers desseins n'ont pas réüssi, fassent connoitre adroitement aux spectateurs, que les Acteurs ne sont pas demeurez sans rien faire, & qu'ils n'ont pas laissé de jouer leurs personnages, encore qu'on ne les ait pas vûs. Car ils ne doivent pas moins agir hors la Scene que dessus.

Or c'est une faute contre cette regle, & selon mon avis bien considérable, quand on donne aux Acteurs plus de temps qu'il ne leur en faut pour agir hors la vûë des spectateurs: ou quand on le leur fait emploier en des choses qui ne sont point necessaires au Theatre. Et c'est pour cette raison que les Anciens ont judicieusement determiné, que le Poëme Dramatique ne doit point exceder *douze heures* au plus; parce que dans le temps de la representation, on peut aisément tromper l'esprit des spectateurs, en leur faisant passer les quarts d'heures pour des heures entieres, sur tout quand le discours des Acteurs aide à les tromper par le recit qu'ils font eux-mêmes de ce qui leur est arrivé, pendant qu'ils ont disparu.

Mais si vous donnez au Poëme Dramatique plusieurs jours, plusieurs semaines, ou plusieurs mois, vous consommez plus de temps hors la vûë des spectateurs que sur la Scene, & vous laissez vos Acteurs un fort long temps sans rien faire de necessaire à ce que vous representez; ce qui divise l'action du Théatre, & y comprend mille autres petites actions dont l'on n'a pas besoin. Et telles pieces sont bien nommées

vasta,

vasta, hiantes atque inanes, defectueuses en ce qu'il y
a *du vuide, de l'oisiveté inutile, du temps perdu*; mais
toutes ces choses font traittées à fond & plus amplement dans la Pratique du Théatre, que j'ai dreſſée
fur les maximes de la raiſon & les bons exemples des
Anciens.

Donc cette interruption d'action eſt le défaut,
que Govean & ceux dont parle Scaliger, ont imputé
mal à propos à Terence en cette troiſiéme Comedie.
Et ce qui les a fait tomber en cette erreur eſt, qu'ils
ont penſé, qu'entre le second & le troiſiéme Acte
il ſe paſſoit une nuit entiere inutilement employée
au repos & au ſommeil. *Vaſta, inquiunt, hians atque
inanis comœdia eſt, tota namque intercedit nox, nam
per initia cœnam curant, poſtea Chremes ait, luceſcit.*
Mais c'eſt un defaut imaginaire, & qui ne procede que
de leur negligence, s'ils n'ont pas lû cette Comedie,
ou de leur aveuglement, s'ils ne l'ont pas entenduë.
Je m'étonne même que Scaliger n'en ait pas donné la
veritable reponſe; car d'alleguer que cette Comedie
fut repreſentée aux jeux Mégaliens qui durerent toute
la nuit & diviſerent cette Comedie en deux pieces,
dont deux Actes furent jouez le ſoir, & trois le
lendemain matin, cela ne me ſatisfait pas. La rencontre de la repreſentation ne peut excuſer le travail
du Poëte, ou bien l'on ne pourroit jamais la repreſenter qu'aux jeux Megaliens. C'eſt faire grace à Terence & non pas le juſtifier. Mais voici comment
je trouve qu'il a bien obſervé les maximes de ſon
art.

J'ai dit que l'hiſtoire de cette Comedie eſt arrivée
la nuit de la fête de Bacchus, nommée *Pithægia*, nuit
de grande débauche, celebrée dans Athénes au commencement d'Avril, & que le Théatre s'ouvre entre
ſept & huit heures du ſoir, à la fin du crepuſcule: depuis lequel temps il ſe paſſe deux Actes entiers pour
aſſembler la compagnie de Chremes, faire entrer les
deux maîtreſſes de ces deux Amans, & faire les prépa-

ratifs d'un feſtin où le bon-homme trouvoit plus de
gens qu'il n'avoit penſé.   Car Antiphile & Bacchide
avoient grand nombre de femmes, *Ancillas plus decem.*
Ce qui pouvoit differer le feſtin juſqu'à dix heures &
plus encore, vû même qu'en ces rencontres ils ſou-
poient d'ordinaire fort tard, comme je l'ai déja remarqué; ſi bien qu'il nous reſte ſeulement à voir ſi le temps
eſt bien emploié juſqu'au point du jour que le troiſiéme Acte commence.   Ce que le Poëte nous fait
connoitre par trois conſidérations.

La premiere eſt la fête en laquelle il ſuppoſe que
ſon intrigue eſt arrivée; car c'étoit une fête en laquelle on emploioit toute la nuit à la bonne-che-
re.   Auſſi le Poëte pour nous ôter tout ſujet d'en
douter, fait mention très-expreſſe de cette fête au
commencement & à la fin de ſa Piéce, pour montrer qu'il a conjoint ſes intrigues aux divertiſſemens
longs & extraordinaires de cette nuit.

La ſeconde eſt le recit que le bon Chremes fait lui-
même de ce que l'on avoit fait en ſa maiſon, * que l'on
y avoit goûté tout le vin de ſes celiers, qu'on avoit
bû ſans relâche, que l'on y avoit fait une dépenſe digne
d'un Satrape, qu'ils avoient occupé tous ſes gens, &
conclud, *Atque hæc una nox*, Et *voila ce qui s'eſt fait
en une ſeule nuit.*   Mais parce qu'on eût pû répondre,
qu'après avoir bû, chacun s'étoit repoſé; le Poëte pour
prevenir cela, fait dire à Chremes que les eſclaves parloient à l'oreille avec leurs maîtres, lors qu'il eſt ſorti;
& que leurs conſeils ne ſtendent qu'à trouver quelque
fineſſe pour avoir de l'argent de Menedeme. *Syrus cum
illo veſtro conſuſurrat, conferunt conſilia adoleſcentes.*
D'où nous apprenons qu'ils ne ſont pas demeurez oiſifs a-
près le ſouper, non plus qu'à la table, & qu'ils n'étoient
ni couchez ni endormis, mais plûtôt qu'ils diſpoſoient les
intrigues des Actes ſuivans.   J'ajoûte à cela que les
† Anciens avoient accoûtumé d'étendre leurs debauches
juſ-

----

* *Horat. & ibi Lambin.*
† *Horat. l. 3. 8. Carm, l. 1. Ep. l. 1. Sat. Lucret. 2. Theogn. Athen. l. 7.*

jusqu'au jour, avec grand soin d'avoir des lampes qui duraſſent long-temps, comme on peut reconnoître en pluſieurs endroits d'Horace & de beaucoup d'autres Auteurs.

La troiſiéme conſideration n'eſt pas moins puiſſante. Clitiphon aimoit Bacchide, & ſur la promeſſe que lui fait Syrus de lui trouver de l'argent pour la contenter, il eſt ravi de la poſſeder; mais il lui fut impoſſible de ſe rencontrer ſeul avec elle, dont il ſe plaint lui-même à Syrus. *Min' tu amicam adduxti quam non liceat tangere?* La raiſon eſt que pendant le feſtin, la preſence de ſon pere & la compagnie le retenoit dans quelque modeſtie; Car incontinent après, ſon pere lui voyant mettre la main dans le ſein de cette femme, qu'on lui ſuppoſoit être venuë pour Clinias, le trouva mauvais, & pour la laiſſer avec Clinias en liberté ſur le matin, il l'obligea d'aller faire une promenade, de laquelle il revient au quatriéme Acte, fort en colére. Ce qui fait entendre que le temps, qui ſe paſſe entre le ſecond & le troiſiéme Acte, eſt employé tout entier à la table, ou à cacher ſubtilement à Chremes que ſon fils Clitiphon aime Bacchide, & qu'il n'en falloit pas moins; car dans cet intervalle il n'y a pas un moment qui ne ſoit donné devant la compagnie, aux rejouiſſances de la fête, ou ſecretement aux conſeils des principaux Acteurs. Voilà donc comme le Poëte renferme adroitement ſa Comedie dans les regles du temps, contre ce que vous aviez penſé; & comme il n'eſt pas tombé dans la faute dont les Critiques le veulent accuſer, & dont Scaliger l'a mal defendu. Si nous étions auſſi-bien inſtruits que les Atheniens dans les particularitez de leurs fêtes & de leurs jours, il nous ſeroit facile de comprendre ces choſes par la ſeule lecture de cette Comedie. Et ſi vous, qui ſavez tout mieux que moi, l'euſſiez ſeulement reluë, vous ne m'euſſiez pas donné la peine de faire ce diſcours, ni de vous en importuner: Car ſi vous aviez remarqué ce que * dit Scaliger,

que

---

* Illis potius quam ſi ſunt oneri.

que les fautes dont on accuse Terence, sont plus à charge & plus fâcheuses à ses accusateurs qu'à lui-même, vous ne vous plaindriez que de vous seul, qui vous êtes chargé d'une importunité dont il vous étoit facile de vous delivrer , & qui m'avez engagé dans une Apologie plus ennuyeuse pour vous, que necessaire à notre Poëte.

II. DISSERTATION,

OU

APOLOGIE

DU DISCOURS

sur la troisiéme Comédie

DE TERENCE,

intitulée

HEAUTONTIMORUMENOS.

A MONSIEUR MENAGE.

CHAPITRE PREMIER.

Occasion du Discours suivant.

ONSIEUR,

Si vous aviez écrit avec moins de doctrine, ou bien
avec plus de verité, je ne voudrois pas mettre la main
à la

à la plume pour continuer notre querelle. Car dans la
premiere rencontre je ferois injurieux à moi-même d'at-
taquer un ennemi dont la defaite ne me pourroit être
glorieuse ; & dans la feconde, je ferois injufte envers le
public , fi je voulois foûtenir des erreurs dont vous l'auriez heureufement detrompé. Mais la réponfe que vous
avez faite à mon Difcours , eft fi pleine de belles & de
favantes curiofitez , que j'aurai toûjours beaucoup d'a-
vantage d'avoir ofé prendre les armes contre vous , &
vous avez dit fi peu de chofes veritables dans la queftion
que vous aviez à traiter & dans les autres que j'avois
touchées , que je m'eftime obligé de faire voir à tout le
monde , que vous avez écrit feulement pour faire paroitre la fubtilité de votre efprit , & non pas pour condamner ou pour contredire mes fentimens. La Doctrine du Theatre eft fi peu connuë , que les apparences &
les Sophifmes que vous oppofez aux maximes que j'ai mifes en avant , peuvent abufer aifément beaucoup de perfonnes ; & le grand nombre d'authoritez que vous faites paffer adroitement pour de bonnes raifons , rend
cette tromperie d'autant plus facile , qu'elle paroit plus
illuftre. J'avouë que dans mon difcours il eft entré beaucoup de queftions très-difficiles , pour être inoüies de
notre temps & peu traittées par les Anciens , non feulement touchant le Poëme Dramatique , mais encore
touchant des Sciences plus folides & plus laborieu-
fes : je le reconnus bien d'abord ; car je ne trouvai par tout que des obfcuritez & des contradictions
entre les Auteurs même les plus favans; ce qui me re-
tint long-temps en doute de la methode que je devois
fuivre. Car d'un côté je prevoiois qu'en ramaffant
les divers fentimens de ceux qui avoient traité quelque
matiere concernant mon deffein , je pourrois tomber , comme vous , dans une confufion d'opinions ,
d'interpretations & de paffages pleins d'ambiguitez :
& d'autre part je craignois en ne refolvant point toutes
les difficultez qui pouvoient naître de ces differentes
penfées , de laiffer beaucoup de fcrupule en l'efprit

de ceux qui liroient mon Difcours. Mais enfin j'efti-
mai qu'il valoit mieux percer toutes les tenebres qui
me cachoient la verité, rompre les voiles qui lui couvroient le vifage, & prendre le droit chemin qui m'y
pouvoit conduire, que de perdre le temps à diffiper
tous les petits nuages qui l'environnoient, de m'arrêter à tous les obftacles qui m'empêchoient de l'abor-
der, & de prendre tous les détours où je courois
fortune de m'égarer. Ce fut pourquoi je fis un Difcours fort fimple, mais très-fincere; & je me conten-
tai de mettre à la marge les principaux Auteurs qui
m'avoient fervi de lumiere & de conduite en ce deffein,
& dont les noms fameux fuffifoient pour me rendre
croiable. Mais comme vous avez moins aimé la verité, que l'eftime d'être favant, vous avez raffemblé
tous les nuages qui la couvroient, vous lui avez remis fur le vifage tous les voiles que j'en avois ôtez, &
vous avez trainé vos Lecteurs après vous dans mille détours, où vous les abandonnez fouvent bien embar-
raffez. Ainfi vous avez écrit fort doctement, mais
peu fincerement; & quand je confidere la verité parmi tant d'allegations dont vous avez chargé votre Réponfe, il me femble voir une belle fille innocente ac-
cablée fous la cheute d'une Bibliothéque, ou plûtôt
étouffée fous un tas de corps-morts. Democrite di-
foit qu'elle étoit cachée dans un puits, mais certes
vous l'avez enterrée daus une caverne plus profonde :
l'ignorance des hommes a fait celui-là, mais votre doctrine fait celle-ci, qui eft d'autant plus dangereufe,
que fachant bien les moiens de l'en tirer, vous avez
effaié de les prevenir & même de les cacher. Je n'en
veux point d'autres témoins que vous-même ; car
quand on vous a demandé comment vous répondiez à
beaucoup de propofitions que j'ai faites, vous avez
dit que vous répondiez avec autant de vraifemblance
& avec autant de fubtilité qu'il fe pouvoit. Et quand
je vous ai reprefenté que vous aviez laiffé beaucoup de
chofes douteufes & qui fembloient fe contredire, en

quel-

quelques endroits, vous m'avez repliqué que c'étoit à
moi à débrouiller ce Chaos, & à défendre ma caufe.
Encore ne puis-je oublier l'agreable repartie que vous
fites à l'un de nos amis communs qui prétendoit a-
voir obfervé dans la troifiéme Comedie de Terence
des fautes que vous ni moi n'avons point remarquées.
Cela (lui dites-vous) n'eft pas croyable; car j'en ai
remarqué même qui n'y font pas. Auffi à bien examiner votre Réponfe, il femble que vous faites comme
un homme qui fe trouve l'épée a la main dans une mêlée & qui prefente le coup à celui qu'il a devant les
yeux, pour le decharger puis après fur un autre. Car
en beaucoup d'endroits vous feignez de venir à moi,
& vous frappez des gens qui ne fe defioient pas de vous,
comme Eugraphius, Victorius, Robortel, le Scholiafte d'Ariftophane, Cafaubon, Hefychius, Samuel Petit, Gallutius, Sabinus, Gaza, Fabricius, Maggius,
Servius, Paccius, Scaliger, Heinfius, la Mefnardiere,
Balfac, Caftelvetro, Meffieurs de l'Academie, l'Obfer-
vateur du Cid, & prefque tous ceux que vous alleguez,
dont vous parlez d'ordinaire feulement pour les condamner. Ce qui eft de plus étrange, c'eft que vous les
citez & les reprenez fouvent fans raifon; Car pour les
traiter d'ignorans, il fuffit qu'ils ayent des penfées contraires aux vôtres; & pour leur donner des Eloges,
c'eft affez qu'ils foient favorables à vos fubtilités. Et en
verité je fuis celui à qui vous faites le moins de mal;
car bien qu'en apparence vous faffiez mine de me contredire, vous êtes en beaucoup de chofes de mon avis;
& où vous êtes d'un autre fentiment que moi, je vous
montrerai que vous vous êtes fi fort méconté, que
vous vous êtes fait plus de mal vous-même que je ne
pourrois vous en faire.

CHAPITRE II.

De l'origine & du sujet véritable de cette contestation, avec quelques considérations sur les termes d'Aristote touchant le temps necessaire au Théatre.

POur entrer donc en matiere je commence par le fond de notre dispute, qui est de savoir si la troisiéme Comedie de Terence est reguliere ou non. Voici le titre de mon Discours. *Discours sur la troisiéme Comedie de Terence, contre ceux qui pensent qu'elle n'est pas dans les regles anciennes du Poëme Dramatique.* Et voici la conclusion de votre Réponse. *Voilà, Monsieur, ce que je pense de l'Heautontimorumenos. Nos opinions font à la verité differentes, mais nous sommes neantmoins d'accord du principal point, que cette Comedie est dans toute la justesse des Regles anciennes : pour moi je la trouve non seulement reguliere, mais une des plus belles de Terence.* Cette confession justifie bien clairement la verité des propositions que j'ai traitées, & que votre réponse n'est qu'une confirmation, & un aveu de tout ce que j'ai dit. En verité vous avez eu raison de mettre ces paroles seulement à la fin de votre Discours ; car par cet artifice vous laissez votre Lecteur dans l'attente de voir quelque chose de nouveau, en lui laissant la creance que vous me devez contredire ; & vous satisfaites neanmoins à la verité, en témoignant que vous avez bien essaié de la deguiser, mais que vous n'avez pû la détruire. Au lieu que si vous eussiez parlé de la sorte dès le commencement, il y eût eu peu de gens assez resolus pour achever une lecture que l'on eût preveuë n'avoir rien autre chose que des allegations, doctes à la verité, mais peu necessaires, & des digressions ingenieuses, mais à perte de vûë, & souvent introdui-

tes

tes pour égarer ceux qui vous suivent. Il est donc
constant que nous sommes de même sentiment , &
que tant de belles choses , que sans doute vous eussiez ailleurs mieux ordonnées , sont là tout exprès
confusément entassées les unes sur lesautres selon que
vons en aviez besoin pour en faire des couleurs adroi-
tes , ou plûtôt des ombres agreables, des finesses, ou
plûtôt de belles malices, qui fissent croire aux simples
que nos opinions sont differentes. Ainsi vous ne m'a-
vez pas contredit; mais vous avez voulu ravir le jugement à ceux qui liront votre Réponse; vous n'avez
pas établi de nouvelles veritez, mais vous avez essaïé
d'éblouïr ceux qui pensoient en trouver, & l'on peut
dire que vous avez cherché le moien de triompher de
vos lécteurs, plûtôt que de votre Adversaire. Mais il
est pourtant bien constant que nous n'étions pas de même avis dans l'entretien qui fit naître notre dispute; car
vous defendiez lors cette Regle imaginaire de vingt-
quatre heures , & vous passiez même jusques dans
l'erreur de notre temps. Et quand vous m'opposâtes
une des Comedies de Terence, vous aviez si peu de
connoissance de cette difficulté , que vous alleguâtes
l'Hecyre au lieu de l'Heautontimorumenos. Les lettres que vous me fîtes l'honneur de m'écrire le lendemain, & que je garde, corrigerent cette méprise, a-
près que vous eutes releu ce qu'en a écrit Scaliger, qui
lors étoit le seul Auteur que vous aviez veu touchant
le Poëme Dramatique. Aussi vous êtes vous souvent plaint & à moi-même, que vous ayant reduit à
la necessité de vous y rendre savant pour me répondre, je vous donnois bien de la peine à chercher quelques passages, ou quelque apparence pour me contredire, quoi que vous n'eussiez pas de quoi soutenir vos
premieres erreurs, qui vous étoient communes avec
beaucoup de bons esprits de notre temps; mais dont
vous vous êtes bien detrompé par la lecture des Tragiques & des Comiques, qui nous restent de l'Antiquité.
Voici comme vous avez changé la premiere & la prin-

cipale difpute que nous eumes. *Je croi toûjours comme auparavant, que l'action de la Comedie de l'Heautontimorumenos comprend plus de douze heures.*

Car vous difiez, felon l'avis des mauvais Critiques, qu'elle contenoit deux jours, & qu'ainfi même la Regle des 24. heures avoit été negligée par Terence. Mais comme depuis ce temps vous avez travaillé fur cette matiere, vous avez bien reconnu cette faute, & vous l'avez deguifée de cette forte, pour avoir lieu de difcourir en foutenant, *Qu'une piece de Theatre peut bien être de plus de douze heures, fans être pour cela contre les Regles.* Et c'eft où vous faites un grand effort, mais inutile; car à tout ce que vous dites fur ce fujet, j'oppofe feulement ces paroles que vous m'écrivites le lendemain de notre conteftation. *C'eft l'Heautontimorumenos qui n'eft pas dans la Regle du jour artificiel, puifque vous expliquez ainfi ces mots d'Ariftote, comme je ne doute point auffi qu'ils ne fe doivent entendre.* Et quand enfuite vous expliquez ce paffage, vous ajoûtez : *Je ne difpute point pourtant de l'ufage que je fai qui eft de votre côté.* Ainfi par votre propre confeffion que vous fites alors fincerement, & avant que vous euffiez eu le loifir d'emploier les fubtilitez de votre efprit, il eft conftant entre vous & moi, que la regle du Poëme Dramatique eft telle que je l'ai pofée, & l'ufage duquel vous demeurez d'accord, l'authorife très-puiffamment contre l'embarras de tous les Commentateurs, dont même vous choquez une partie ; outre que fans aucune raifon qui vous determine, vous vous arrêtez à Victorius, à Caftelvetro, & à Heinfius, que puis après vous condamnez comme mal-habiles, quand ils vous font contraires. En un mot je détruis votre artifice par votre fincerité, un docte menfonge par la verité reconnuë; & fi j'avois befoin d'Auteurs après cet ufage de tous les Anciens pour foûtenir la Regle d'Ariftote; j'en aurois de mon côté plus grand nombre & de plus illuftres que ceux dont vous vous fervez ; car vous confeffez vous-même que plufieurs grands perfonnanages l'ont interpreté comme moi.   Mais en tout ce qui concerne le Theatre , je ne pretens étaller aucune maxime que sur la raison naturelle.

Encore est-il bien à propos de remarquer ici qu'en mesurant par les heures le tour d'un Soleil qu'Aristote a donné pour le temps d'un Poëme Dramatique, & que les plus grands personnages ont interpreté pour un jour artificiel compris entre le lever & le coucher du Soleil, il faut entendre les heures inegales, ainsi que les Atheniens les observoient; autrement ce temps ne pourroit être juste qu'en supposant l'action d'une Comedie être arrivée parmi les peuples qui demeurent sous l'Equateur, où le jour artificiel est toûjours de douze heures égales : Ce qui seroit ridicule, veu même qu'Aristote & les Anciens ont estimé toute la Zone torride absolument inhabitable; ou bien il faudroit feindre pour les autres peuples, que telle action se feroit faite aux deux jours de l'Equinoxe; Car c'est alors seulement qu'ils ont douze heures égales du lever au coucher du Soleil : ce qui ne seroit pas plus raisonnable. C'est-pourquoi quand j'ai mesuré le jour des Atheniens par les heures, & que j'en ai voulu faire l'application aux nôtres, j'ai ajoûté, selon notre compte des heures pour montrer que je partageois leur jour en heures égales comme le nôtre ; & quand j'ai parlé de la Regle d'Aristote, j'ai mis indistinctement le tour d'un Soleil, douze heures, ou l'espace de son lever à son coucher.   Vous n'avez pas été si Religieux, & vous en avez parlé toûjours confusément, d'où vient que quand vous dites qu'un Poëme peut être regulier, mêmes selon l'intention d'Aristote, encore qu'il eût un peu plus de douze heures, par exemple 14. 15. ou 16. c'est un discours captieux.   Car en prenant ces heures égales, il est certain qu'un Poëme dont l'histoire seroit arrivée de jour en Eté, ou de nuit en Hyver dans la ville de Paris, pourroit comprendre quinze ou seize heures égales , & neanmoins tout se passeroit entre le lever & le coucher du Soleil, selon l'intention d'Aristote ; mais

à prendre les seize heures inegales, on ajoûteroit au-
tour d'un Soleil, qui est la regle du Philosophe, un
tiers plus que le temps qu'il a prescrit, & l'on y com-
prendroit la moitié de la nuit. D'ailleurs aussi pourroit-on objecter, qu'une piece de Theatre dont l'histoire seroit arrivée dans un jour d'Eté, ou dans une
nuit d'Hyver parmi les peuples qui sont auprès des Cer-
cles Polaires, auroit un trop long espace de temps; car
ces douze heures inegales du lever au coucher du Soleil, en pourroient valoir plus de vingt-deux des nôtres égales. Et au contraire, si on prenoit un de leurs
jours d'Hyver, ou une de leurs nuits d'Eté, ce petit
espace que l'on diviseroit neanmoins en douze heures,
n'en vaudroit pas seulement deux ou trois des nôtres,
& ne suffiroit pas seulement pour en faire la representation. D'autre part, si l'on approchoit davantage de
l'un des Poles, on trouveroit quatre, cinq, ou six mois
entre le lever, & le coucher du Soleil, ainsi l'action
d'une Comedie arrivée parmi ces Nations, ne pourroit recevoir de bornes convenables au sens d'Aristote,
ou seroit d'une trop longue étenduë, à prendre ses paroles à la rigueur. Voila des difficultez assez notables,
& dont vous pouviez, ce me semble, grossir votre réponse aussi bien que de tant d'autres, qui étoient bien
moins necessaires à votre sujet. C'est avec de semblables reflexions qu'il faut examiner les sentimens des
Auteurs, & non pas avec les contradictions chimeri-
ques de quelques Scholiastes, il faut penetrer dans les
choses & non pas écorcher les mots, il faut raisonner
solidement, & non pas se charger de mille allegations
inutiles. Ce que nous en pouvons néanmoins tirer
à cette heure c'est, que cette Regle d'Aristote est fondée sur quelque consideration, qu'il n'a pas assez découverte, & qui neanmoins se doit accommoder très-
veritablement aux actions ordinaires des hommes. Ce
seroit bien ici l'endroit pour l'expliquer; mais parce que
l'intelligence de cette question demande trop de principes, & reçoit des objections, qui seroient longues à
dis-

difcuter, je vous prierai de trouver bon, que j'en re-
ferve l'éclairciffement à la Pratique du Theatre.

Je dirai néanmoins, puis qu'il eft très-véritable, que
toutes les maximes de Theatre, dont vous avez parlé,
ne font autres que celles que j'ai reffufcitées par ma premiere Differtation, ou celles dont je vous ai entrete-
nu : en quoi certes mon ingenuité s'eft un peu deçué.
Vous pouvez vous fouvenir que lors que vous me mon-
trâtes * votre Difcours en manufcrit, je vous avertis de
la plus grande partie des raifons dont vous avez defendu les Captifs de Plaute contre Scaliger, & fon Amphytrion contre Heinfius. Quant à ce que vous avez
écrit de l'entaffement des incidens, que je vous avois
nommé precipitation, † du rapprochement des actions,
de l'unité du lieu & des autres chofes concernant l'Art
du Theatre, c'eft ce que je vous dis dans une longue
converfation que nous eûmes un jour au Palais, furce
que vous me demandâtes quel étoit mon deffein dans
la Pratique du Theatre que j'ai dreffée. Je vous parlai
de tout franchement, comme j'ai fait à beaucoup de
mes amis; mais vous n'en avez pas ufé d'affez bonne
foi; car vous n'en deviez rien mettre dans votre Réponfe qui étoit alors achevée; ou bien vous deviez m'en
faire un petit remerciement, ou dire pour le moins
que nous en avions difcouru quelquefois enfemble; a-
fin de me donner quelque part dans un bien qui veritablement eft tout à moi. Mais votre filence a fait un
larcin d'une chofe, dont une fimple reconnoiffance
eût fait un honnête emprunt. Je fai bien que vous a-
vez enflé d'allegations & d'exemples, ce que je vous
avois déduit tout fimplement; mais c'eft un artifice
pour faire croire que vous n'en devez rien qu'à votre
memoire & à votre travail.

* Pag. 2. edit. 2. p. 31.
† Pag. 6. edit. 2. 92. Pag. 42. & 43. edit. 2. p. 64.

CHA-

PAROLES DE Mr. MENAGE.

* *Quoi que l'Heautontimorumenos fût d'un peu plus de douze heures, par exemple de quatorze, de quinze, de seize, comme je pense qu'il est en effet.*

CHAPITRE III.

De quelques Circonstances, concernant le Temps que le Poëte donne à sa Comedie.

CE n'est pas ainsi qu'il faloit parler de la principale question, qui semble vous avoir obligé de m'entreprendre avec tant de chaleur & de finesse. Vous deviez poser avec plus de certitude une opinion que vous vouliez opposer à la mienne, & proposer avec plus de lumiere ce que vous vouliez enseigner comme une nouvelle doctrine. Pour moi j'estime avoir établi en paroles bien intelligibles le sujet de notre dispute : j'en ai deduit clairement les maximes necessaires, expliqué diverses raisons, allegué plusieurs authoritez, & tiré par tout les consequences qui devoient instruire mes Lecteurs, sans m'être écarté de la proposition que j'ai faite, sans l'avoir embarrassée, sans la mettre en doute, & sans y mêler ces ambiguitez, qui laissent toûjours un Lecteur dans le scrupule, & qui donnent à l'Auteur des moiens de prendre en s'expliquant, le parti qui lui sera le plus avantageux, & non pas le plus veritable. Mais vous vous êtes contenté de dire, non par forme de proposition, mais

en

* Pag. 6. edit. 2. p. 28.

en parenthese, comme une chose hors de sujet, non pas en l'affirmant, mais en doutant, *que l'Heautontimorumenos est peut-être de plus de douze heures*, & dans tout le reste de votre réponse, vous n'en dites plus rien; tant il est vrai que vous n'avez osé mettre en termes precis le contraire de la verité, & que vous vous êtes reservé de quoi vous expliquer en sa faveur, comme vous faites dans la conclusion de votre Livre. Enfin par le sens de ces paroles, peut-être que la Comedie de Terence ne contient que douze heures, & peut-être qu'elle en contient davantage. Voila quelle est votre opinion, pour la défense de laquelle vous avez fait tout ce grand travail.

C'est au moins encore avec autant d'incertitude, que vous avez contredit le temps que je donne aux deux derniers actes de cette Comedie. Quant à moi j'en ai marqué les actions toutes nuës; j'ai montré de quel artifice le Poëte s'étoit servi, pour faire que celles qui se passent derriere la Scéne, n'eussent besoin que de peu de temps; mais vous n'avez pas usé d'une sincerité pareille; car au lieu de marquer precisément le temps qui pouvoit être necessaire à ces deux actes, vous faites un grand discours de toutes les choses qui s'y passent, vous y inserez plusieurs digressions, vous vous interrompez vous-même, en y jettant plusieurs questions, dont il y en a même quelques-unes peu convenables à la doctrine que vous témoignez ailleurs, & après toutes les finesses qui peuvent égarer le jugement de vos Lecteurs, vous finissez par ces mots: * *Faites à present reflexion sur toutes les choses que nous venons de voir, qui se sont passées en ces trois derniers actes & dans leurs intervalles, & jugez si ç'a peu être en deux heures.* A quoi je réponds, en renvoiant à Messieurs de l'Academie cette cacophonie, *si ç'a peu être*, premierement que je donne à ces deux actes deux fois plus de temps que vous ne dites; & partant toutes les consequences que vous pouvez tirer

rer

* Pag. 61.

rer contre moi, font inutiles & fauffes, n'ayant point
de fondement veritable. Joint que le difcours que
vous en faites eft fi long, & fi ennuyeux, qu'il n'y
a. perfonne qui ne s'imagine en le lifant avoir perdu
beaucoup plus d'heures qu'il n'en faloit pour ces deux
actes. Je fai bien que vous l'avez fait exprès pour
nous perfuader qu'il faloit beaucoup de temps pour
les faire, puis qu'il vous en faloit tant pour les dire: mais les habiles def-interreffez jugeront fi cette
methode eft raifonnable, & fi ce n'eft pas un témoignage évident que vous avez fait deffein de choquer abfolument tout ce que j'ai dit, pour avoir fujet, fous prétexte de n'être pas de mon avis, de me
traitter d'ignorant, de m'imputer des erreurs groffie-
res, & de me faire toute l'injure que peut recevoir
un homme de ma profeffion. Ne croiez pas neanmoins que je me defende de la même forte, je
vous eftime fort favant; je me perfuade que vous a-
vez autant de jugement que de memoire. J'avoue-
rai ce que vous nous voulez faire croire, qu'il n'y a
point d'homme au monde qui ait tant leu d'excellens livres que vous, qui en ait fi bien examiné les
notes & les commentaires, qui croie les entendre
mieux, & qui foit capable de les mieux expliquer.
Enfin je dirai de vous tout le contraire de ce que
vous avez penfé de moi, & je m'empêcherai bien de
diminuer le merite de mon adverfaire, de crainte de
diminuer la gloire qui me peut revenir de fa defaite.

(*a*) PAROLES DE M^R. MENAGE.

Et c'est pour cette raison aussi que les anciens Dramati-
ques ayant à traitter une matiere vaste & ample, la divi-
soient d'ordinaire en trois ou quatre parties, dont ils fai-
soient autant de Poëmes, ce que l'on appelloit Trilogie ou
Tetralogie. Et entre les fautes survenuës en l'impression de la premiere édition, vous avez dit, ôtez cela ;
ce que l'on appelloit Trilogie & Tetralogie, & vous l'avez
ôté dans la seconde.

CHAPITRE IV.

De la Trilogie & Tetralogie.

SI nous croyons que c'étoit une faute des Imprimeurs, ce sera pour vous faire plaisir ; car nous
n'y sommes pas obligez. Ils n'ont pas accoûtumé
d'en faire de si grandes, elles sont ordinairement
d'une lettre, d'une syllabe, ou d'un mot au plus, &
sans aucune construction avec le reste du discours : &
si nous le croyons, je ne comprens pas quel avantage
vous en pouvez tirer ; car en ôtant ces paroles, vous
avez témoigné que vous n'avez pas entendu cette matiere, quand vous les avez écrites, & je puis faire voir
aisément que vous ne l'avez non plus entenduë, quand
vous les avez ôtées.

(*b*) Parmi les Atheniens, il y avoit 4. Fêtes celebres,
durant lesquelles les Poëtes disputoient le prix de la
Tra_

(*a*) *p. 7. ed. 2. p. 30.*
(*b*) *Diogen. Laert. in Plat.*

Tragedie , à savoir les Dionysiaques , les Lenæen-
nes , les Panathenæes & les Chytres , & cette dispute é-
toit de quatre Poëmes Dramatiques ; c'est à savoir ,
trois Tragedies serieuses , ce que l'on appelloit Trilogie , & une Satyrique , c'est-à-dire , mêlée du ridicule
& de l'Heroïque : (a) (car la Satyre des Grecs n'étoit pas
comme celle des Latins , piquante & medisante , mais
boufonne & pleine de raillerie ,) & toutes ensemble se
nommoient Tetralogie : (b) Aristarque & Apollonius en
separerent autrefois la Tragedie Satyrique , & ne com-
poserent que la Trilogie , mais cela ne fut pas observé
par les autres.

D'asseurer que les Poëtes fussent obligez de composer ces quatres pieces sur un même sujet , je ne le voudrois pas faire si hardiment que vous ; car bien que
selon Trasyle , (c) Platon ait divisé ses Dialogues , & traité ses matieres Philosophiques en Tetralogie , comme
les Poëtes leurs Tragedies aux Fêtes que nous avons
nommées , & selon Aristophane le Grammairien en
Trilogie : & que quelques Poëmes dont les Auteurs
ont fait mention , & qu'ils comprennent sous le nom de
Tetralogie , (d) soient tirez d'une même matiere , comme la Tetralogie de Pandion faite par Philocles , & celle d'Oreste par Æschile : Nous en trouvons neanmoins ,
dont nous ne savons pas au vrai quel en étoit le sujet , (e) comme celle de Xenocles , dont l'Oedippe , le
Lycaon & les Bacchantes furent les trois pieces serieuses , & Adamas la Satyrique , & celle d'Euripide qui
contenoit l'Alexandre , le Palamede , & les Troades
pour serieuses , & le Sisyphe pour Satyrique. Car de
s'imaginer qu'en la derniere Euripide eût décrit les plus
notables avantures de la ruine de Troye , il n'y a point
d'apparence , Sisyphe pere d'Ulysse n'y pouvant bien à
pro-

(a) *Diomed. Gram. lib.* 3. *& Horat.*
(b) *Schol. Aristoph. in Ran.*
(c) *Diog. loc. cit.*
(d) *Schol. Aristoph. in Avid. & Ran.*
(e) *Ælian. l.* 2. *c.* 8.

propos convenir, ni même de conjecturer que ce fût l'histoire d'Ulysse, n'étant pas seulement un des Acteurs dans les Troades qui nous sont restées : Et celle de Xenocles ne pouvoit pas être d'un même sujet, d'autant qu'Oedippe, Lycaon & Adamas n'ont rien eu de commun.

Quoi qu'il en soit, vous voiez bien que quand les Poëtes Dramatiques ont divisé quelquefois leur sujet en trois ou quatre parties, ce n'étoit pas pour la raison que vous avez dite, à cause qu'il étoit trop vaste & trop ample; mais à cause de cette glorieuse dispute de la Tragedie qui se faisoit en quatre Poëmes durant ces solemnitez : Et neanmoins il ne falloit point faire ôter ces mots de *Trilogie & Tetralogie*; car ils convenoient fort bien à ces trois ou quatre Poëmes qui pouvoient être tirez du même sujet; mais il en falloit seulement ôter la raison que vous en avez donnée, parce que trois ou quatre pieces Tragiques pouvoient bien avoir ces noms, encore que les histoires en fussent differentes.

J'ai quelque opinion, qu'un Glossateur du (*a*) Philoctete de Sophocle vous a fait faire la premiere faute, en laquelle il est tombé lui-même & dont vous avez traduit, ou, pour parler selon votre style, adopté, ce que vous dites en cet endroit, mais il falloit éviter la seconde, & vous détromper de tout avec (*b*) Scaliger, Casaubon, Meursius, & les Anciens que j'ai citez & dont ils ont tiré la connoissance que je vous donne sans envie.

(a) *Sept. Flor. Chryst. in Philoct. Sophoc.*
(b) *Scal. Poët. l. I. cap. 8. Casaub. in Laert. Meurs. in Grac. fer. & Panath.*

CHAPITRE V.

De la Polymythie ou trop grande multitude d'incidents au Theatre.

PAROLES DE M{sup}r{/sup}. MENAGE.

Il vaut donc mieux encore prendre du temps davantage, que d'entasser de la forte tant d'actions, ou les precipiter en les faisant faire à des Acteurs en peu d'heures.

Replique de Monsieur l'Abbé d'Aubignac.

CE Discours de la Polymythie est assez raisonnable en la proposition, mais inutile, & tout à fait éloigné de notre question, & je demeure d'accord que les incidens mis en foule ou precipitez rendent une piece defectueuse, quand l'imagination en est choquée. Ce n'est pas que l'on ne puisse si bien ajuster un grand nombre d'intrigues & en preparer si adroitement les avantures, que les spectateurs en pourroient être ravis, & les regles de l'art observées, comme nous enseignerons dans la pratique. Mais il me semble que vous vous déguisez bien dans la suite, & que non content de cacher la verité, vous vous cachez encore vous-même; car vous efforçant partout de paroitre intelligent dans la conduite du Poëme Dramatique, vous parlez ici de la *Polymythie*, comme si vous ne saviez point en quoi elle consiste pour être condamnée; & alleguez cinq Poëmes des Anciens, comme defectueux, mais que l'on a mal à propos accusez. Ce qui m'oblige d'en dire quelque chose,

afin

afin que ceux qui verront tant de Grec & de Latin
dans votre reponſe, ne s'imaginent pas qu'il vous faut
croire abſolument, & ne ſe laiſſent ainſi perſuader de
mauvaiſes maximes.

La Polymythie qu'on eſtime vitieuſe n'eſt pas ſeulement quand un Poëme Dramatique eſt rempli d'incidens; au contraire, c'eſt ce qui le rend plus merveilleux & plus agreable; témoins en ſont l'Oreſte
& les Phœniſſes d'Euripide, les Menechmes & le Cable ou le Rudens de Plaute, l'Andrienne & l'Eunuque
de Terence, avec beaucoup d'autres qui nous reſtent
de l'Antiquité, comme des modelles & des chefs-d'œuvres. Mais c'eſt quand il y en a trop, c'eſt-à-dire,
plus que la nature du Poëme Dramatique ne le peut
ſouffrir : & ſi vous demandez quelle en doit être la
meſure, c'eſt la confuſion & la vraiſemblance ; car
s'il y a tant d'incidens, que les divers recits chargent
trop la memoire des ſpectateurs, ou que les intrigues
s'embarraſſent les unes dans les autres ſans être intelligibles qu'avec peine d'eſprit, le Theatre eſt trop chargé : comme pareillement ſi les évenemens ſont en ſi
grand nombre qu'ils ſoient hors de la poſſibilité naturelle, & que le temps dans lequel on les veut renfermer ne les puiſſe raiſonnablement ſouffrir. Ce qui
arrive quand ce Poëme, qui ne doit contenir qu'une
action principale, renferme pluſieurs Epiſodes mal diſ-
poſez, ou une trop longue hiſtoire, comme la priſe de
Troye, la vie d'Alexandre & telles avantures: c'eſt-
pourquoi les habiles, pour éviter ce deffaut, ne pren-
nent qu'une belle partie d'une hiſtoire, & travaillent à
conduire ſi adroitement leurs intrigues, quoi qu'en
grand nombre, que la ſuite les démêle ſans laiſſer aucune confuſion dans l'eſprit des ſpectateurs; ou prepa-
rent de telle ſorte les incidens, que le ſuccez en ſoit
non ſeulement vraiſemblable, mais preſque neceſſaire, & cet artifice eſt une des plus grandes adreſſes
de ceux que j'ai cottez ci-deſſus, & peut-être des
plus difficiles à remarquer. Je n'en donnerai point

ici d'exemple, parce qu'il faut trop de difcours pour les mettre au jour; encore qu'il en faille bien fouvent très-peu pour les pratiquer, outre que les obfervations que j'ai faites fur la plûpart des Anciens le découvriront peut-être quelque jour plus à propos & plus amplement.

Quant aux Poëmes que vous contez comme vitieux par la *Polymythie*, je ne puis comprendre où vous l'avez trouvée, ni même que les Auteurs ayent fait faire à leurs Heros tant de chemin que vous dites.

Le premier que vous mettez en jeu eft l'Hercules Oetheus, mais je ne fai pas où étoit votre efprit quand vous l'avez leu, ni vôtre memoire quand vous en avez parlé; & fi l'on a pû dire que le bon Homere a quelquefois dormi, on peut bien dire que vous étiez lors affoupi d'un profond fommeil. En verité vous devez emploier ici le même artifice dont vous vous êtes fervi pour Trilogie & Tralogie, & faire ôter comme une faute d'Imprimeur, que l'Auteur de cette Tragedie dans le peu de temps qu'il faut pour reciter trois vers, fait faire à ce Heros plus de trente lieuës, le faifant venir de l'Eubæe fur le mont Oetha, & encore ce que vous dites en la page trente huitiéme, que le lieu de la Scéne y change par trois fois; mais de ce dernier point j'en traitterai ci-après. Je pourrois d'abord vous répondre par le fentiment de * Farnabe qui attribuë cette piece à quelque Poëte de Bibus nouvellement forti de l'Ecole des Declamateurs, fi je n'étois d'un autre avis. J'eftime que l'Auteur étoit bien un jeune Poëte, qui s'eft fouvent abandonné à l'ardeur de fon propre genie, & a rempli fon Ouvrage de plufieurs redites, & d'une infinité de pointes indecentes aux aventures & à la dignité de fes Acteurs; mais qui avoit beaucoup d'efprit & de feu, riche de penfées grandes & hardies, & affez intelligent aux regles & aux adreffes du Theatre : Il fait donc au premier Acte,

qu'Her-

---

* *Poetaftro cuippiam è declamatorculorum Schola.* Farn. in Senec.

qu'Hercule paffe de Trachyne au promontoire de Cœnée & cette diftance n'eft pas de trente lieuës, mais
feulement de huit ou neuf Françoifes, *comme on
voit clairement dans une carte faite par un favant homme en la vieille Geographie, & qui fe trouve dans
le dernier Athlas de Hondius, voyage que le Poëte
lui fait faire pour laiffer Déjanire en liberté dans le Palais, & lui donner fujet d'envoier à fon mari le vêtement enchanté qui le fit brûler ; ce qu'elle n'eût pû
raifonnablement executer, s'il eût facrifié dans Trachyne, parce qu'elle y eût vraifemblablement affifté :
& fon adreffe paroit encore en ce qu'il a pris deux
lieux fituez fur le bord de la mer, & d'où l'on pouvoit aller & revenir dans une Galere, en cinq ou fix
heures au plus; car il eft notoire que l'on fait les huit
lieuës de Calais à Douvre en trois heures dans un
vaiffeau rond, & que les Galeres pour avoir moins de
corps dans l'eau trouvent moins de refiftance & vont
bien plus vite, † outre qu'ils avoient encore autrefois
fur cette mer de petits efquifs fort legers, appellez Ce-
loces, dont ils fe fervoient pour faire quelque grande diligence. Vous ne deviez pas dire auffi qu'Hercule fait ce chemin dans le temps qu'il faut pour reciter
trois vers. Il part à la premiere Scéne du premier Acte, & ne revient qu'au quatriéme. Tellement qu'il fe
paffa deux Actes, la moitié d'un autre, & trois intervalles tous entiers entre fon départ & fon retour : Ce
qui donne un temps plus que fuffifant pour aller de Trachyne à Cœnée faire un facrifice : Et fi vous faites
reflexion fur ces chofes, vous jugerez bien qu'en cette Tragedie, vous feul avez été trop vite, & qu'il
vous falloit plus de jours pour l'examiner, que d'heures à ce Heros pour fa navigation.

Les

---

* *Gracia Attica ex delin. D. T. Velij M. D.*
† *Plaut. in capt. act. 4. fc. 1. & in Pfeu. act. 5. fc. 2. Apul.
de Rep. qui celocem regere nequit onerariam petit. In frag. ap. fulgent. de prifco ferm.*

Les Suppliantes d'Euripide ſont autant exemptes
de blâme que l'Hercule mourant, encore que Theſée
aille donner une bataille devant les portes de Thebes, & revienne le même jour à Athenes; & je ne
voi pas comment cette ſeule action peut paſſer pour
Polymythie, ni même en quoi vous la trouvez vitieuſe;
il eſt aſſez ordinaire de feindre au Theatre des ba-
tailles données, & des villes priſes dans les intervalles des Actes, non pas les repreſenter ſur la Scéne, comme vous dites en la page 44. car il ſeroit impoſſible d'en
faire un champ de bataille, & d'y amener quarante
ou cinquante mille hommes à pied & à cheval, ni faire voir autrement qu'en perſpective, les murs ou baſ-
tions d'une ville que l'on fait prendre & ruiner; parce
que le lieu de la Scene étant ouvert, on y devroit voir
toute l'armée victorieuſe forcer la place, n'y ayant
aucune raiſon qui puiſſe empêcher les ſpectateurs de
voir tout ce qui ſe paſſe en un lieu où les acteurs ſont
viſibles : c'eſt pourtant une choſe aſſez ordinaire aux
modernes de cacher aux ſpectateurs des évenemens qui
ſe font, ou que l'on ſuppoſe avoir été faits ſur le lieu
de la Scéne; Et j'eſtime qu'il eſt contre la vraiſemblance qu'on ne les y ait point veus, s'ils y ſont arrivez,
ou qu'ils y ſoient arrivez, ſi on ne les y a point veus.
Ce que l'on doit faire en ces occaſions, eſt de feindre
que tout cela s'eſt fait en des lieux aſſez proches de la
Scéne, ou du moins que l'on ſuppoſe n'en être pas trop
éloignez. Et c'eſt par cet artifice qn'Euripide a ſau-
vé la precipitation de l'incident dont vous l'accuſez;
car *il feint que Thebes n'eſt pas fort éloignée d'A-
thenes, faiſant dire à Theſée qu'il demeuroit dans le
voiſinage de Creon; & quand le Courrier vient apporter la nouvelle de la Victoire des Atheniens &
de la ſepulture des Argiens morts en la premiere bataille, à la reſerve des ſept Princes, on lui demande
où ils ſont : il répond, aſſez proche d'ici; car ce
qu'on

* Σύγγειτον οἰκῶν γαῖαν.

qu'on apporte en diligence, n'eſt jamais éloigné. Et pour faciliter cette fiction, j'eſtime qu'il ſuppoſoit, qu'on pouvoit voir la ville de Thebes du lieu de la Scene, qu'il met devant la porte du temple de Ceres. Et comme le Theatre n'eſt qu'une illuſion & un enchantement continuel, pour authoriſer ſa fiction & tromper les ſpectateurs, qui ſavoient bien la diſtance des lieux; il avoit fait repreſenter Thebes en perſpective, afin de faire croire au moins pour un moment, que cette ville n'étoit pas fort éloignée d'Athenes, puis qu'on la pouvoit voir du Temple de Ceres, au devant duquel il met les acteurs. * Scaliger a bien decouvert cette adreſſe, & dit que cette peinture fut faite par un de ces ornemens, que Pollux appelle Demyrond : Et dont j'eſtime qu'il ſe ſervit encore dans Andromache, pour faire que la mort de Neoptoleme arrivée dans le Temple de Delphes, fût ſçûë peu de temps aprés de Pelée, qui ſe trouve devant celui de Thetis, dans une Province aſſez eloignée en la verité, mais rapprochée par cet artifice : Ce n'eſt pas que je l'approuvaſſe pour des lieux dont la diſtance ſeroit bien connuë; ſans quelque grande & importante conſideration, qui ſurmontât la regle du Theatre, comme la raiſon d'Etat a de coutume de ſurmonter la raiſon Morale. Cherchons donc ce qui pouvoit emporter Euripide au delà des maximes de ſon art : C'eſt qu'il ne ſe contentoit pas de faire voir la grande obligation que ceux d'Argos avoient aux Atheniens, & comme Theſée avoit combatu & vaincu leurs ennemis, pour donner la ſepulture à ſept de leurs Princes tuez en la guerre de Thebes : mais il vouloit faire voir avec éclat toute la gloire qui pouvoit en revenir à ſa Patrie : & pour cela voulut-il repreſenter aux pieds de la Reine Æthra, & de ſon fils Theſée, les ſept veuves de ces Princes & Adraſte Roi

C 4

d'Ar-

---

* ἡμικύκλιον. &c. Jul. Pol. l. I. c. 19. Sc. 2. ſic parvo momento traduxit exercitum Athenienſium Theſeus ſub urbem Thebas, qua ſane ibi in conſpectu ſtatuebantur. Jul. Scal. Poët. l. I. c. 22.

d'Argos, afin de mettre devant les yeux des spectateurs, leur misere dans cet abaissement , & la generosité des Atheniens par l'entreprise d'une si grande guerre, sans autre intérêt que de procurer l'honneur de la sepulture à ces illustres & malheureux Princes. De sorte que pour ne pas perdre ce spectacle si glorieux à son païs, il ne jugea pas à propos d'ouvrir son Theatre au retour de Thesée après la bataille, comme regulierement cela se devoit faire, & dont nous avons plusieurs exemples chez les Anciens; mais par la supplication de ces Princesses d'Argos, humiliées devant la Reine & le Prince des Atheniens; ayant mieux aimé presser un incident contre la severité de ses regles, que de ravir à son païs la gloire qu'il lui vouloit procurer. Aussi cette piece est nommée *la Loüange des Atheniens. Et comme elle est faite par un motif tout particulier, & sur des circonstances extraordinaires, elle demeure sans consequence. Mais ce qu'on peut ajoûter de plus raisonnable, est que cette Tragedie n'a jamais été joüée, ni faite pour être joüée, parce qu'au cinquiéme Acte Evadné se precipite dans le bucher allumé, sur le corps de son mari, qu'on bruloit separément des autres, à cause qu'il avoit été frappé de la foudre : Or j'estime que ce spectacle seroit très-difficile à representer, parce qu'il faudroit faire un feu veritablement brûlant un corps ou un fantôme, qui paroitroit au milieu des flammes, & faire tomber dedans d'un lieu fort elevé un autre corps ou un autre fantôme : ce que je croi presque impossible à l'art, & principalement en cette piece, en laquelle Evadné parle avec son pere, & les Princesses Argiennes qui faisoient le chœur : d'où resulte qu'ils n'étoient pas éloignez les uns des autres, & qu'ainsi on ne pourroit pas representer cette femme & le feu dans un eloignement suffisant pour faire ce spectacle en perspective. De sorte qu'Euripide n'ayant fait cette piece que pour loüer son Prince & sa Patrie , & non pas pour être portée

sur

* Ἐγκώμιον Ἀθηναίων. Canter. Interp.

fur le Theatre, il ne s'eſt pas mis en peine d'y garder
la derniere regularité : En un mot, Euripide a voulu
obliger ſon païs, aux dépens même de la verité, ſans
neanmoins violer les regles de ſon art, & ce qui nous
le doit perſuader, c'eſt qu'en nulle autre piece il n'a peché contre la moindre vraiſemblance du Theatre : Et
quand même il auroit fait cette faute, le precepte ne ſeroit pas moins raiſonnable, cette licence auroit donné, comme dit * Scaliger, une con-
vulſion à la verité de la regle, mais ne l'auroit pas
fait mourir.

L'Agamemnon d'Æſchile n'eſt pas encore tel que vous
vous l'imaginez ; car le chemin que ce Roi fait de Troye
en la ville d'Argos, n'eſt que dans le diſcours d'un Garde,
qui s'en entretient tout ſeul au commencement de la piece, pour le conter à Clytemneſtre ; mais depuis que le
Theatre eſt ouvert, il ne ſe fait rien de ſemblable. Et
il y a bien de la difference entre une precipitation qui
ſe fait par un premier recit, devant l'ouverture du Theatre, ou par un Acteur dans le corps du Poëme, depuis
que le Theatre eſt ouvert. Le dernier eſt contre les
regles, parce qu'il eſt contre le ſens, & contre la poſſibilité ; mais l'autre eſt une narration ingenieuſe, encore que le temps qu'elle contient ſoit plus court qu'il ne
faut pour l'action qui ſe recite. Davantage, le diſcours
de ce Garde, n'eſt qu'un Prologue, comme il ſe voit
par le titre qui le porte en termes exprès ; auſſi Ariſto-
te dit que le Prologue contient tout ce qui ſe paſſe a-
vant l'arrivée du chœur, & ce Prologue a quelquefois
2. & 3. Scénes. Ainſi tout ce que conte cet homme,
ne fait rien contre les regles du corps de la Tragedie.

Que ſi les captifs de Plaute & l'Hecube d'Euripide,
ont été par quelques-uns accuſez d'irregularité, ce n'a
C 5   pas

---

* Non pauca ſcripta ſunt ab antiquis quorum autoritate veritas paſſa
eſt convulſionem. Scal. l. 4. c. 25. Poët.

pas été non plus pour être des Poëmes Polymythes;
mais parce que dans le premier on a cru mal à-pro-
pos, *que Philocrates alloit en un jour d'Ætolie en Aulide, & au second que la servante d'Hecube passoit du
Chersonnese en la Thrace, qui sont deux actions toutes simples, & que le Theatre souffrira toûjours aisément, pourveu que la distance des lieux, veritable ou
supposée par le Poëte, ne blesse point la vraisemblan-
ce du temps : Aussi quand vous justifiez l'un & l'autre,
vous ne retranchez aucune action, ce qu'il faudroit faire pourtant, s'ils pêchoient en Polymythie ; mais vous
avez montré seulement que Polycrates ne va point en
Aulide, mais à Elide, ni la servante d'Hecube en la
Thrace, & que la distance des lieux est industrieusement
sauvée par ces deux Poëtes. Il ne falloit donc point apporter ces deux premiers Poëmes, puis qu'ils ne sont
point defectueux, moins encore les deux derniers, puis
que vous prouvez vous-même qu'ils n'ont aucune irregularité : mais c'est que vous écrivez pour multiplier
les doutes, & non pas pour les resoudre.

* Θεωδωπων ὁ περλογιζόμενⓢ & in tit. Agam. Æschil. Arist.
cap. 7, de Poët.

CHAPITRE VI.

De la bonne & mauvaise Critique.

PAROLES DE M^r. MENAGE.

Si vous eussiez pris la peine de les voir, il ne vous eût pas arrivé de faire imprimer, que jamais personne ne s'étoit avisé de lui reprocher ce deffaut, & que c'étoient les paroles de Scaliger, mal entenduës, qui m'avoient donné la creance que quelques uns l'en eussent accusé, &c.

Replique de Monsieur l'Abbé d'Aubignac.

ENtre tous les témoignages de l'intention que vous avez euë de m'offenser, & de la mauvaise humeur qui vous a mis la plume à la main, voici peut-être le moins délicat & le plus malicieux, & pour le rendre visible il ne faut que relire les termes avec lesquels j'ai proposé le reproche que l'on fait à notre Poëte. Vous souffrirez bien que je les repete; c'est en la page 3. *On accuse Terence que dans sa troisiéme Comedie, intitulée l'Heautontimorumenos, il met ses Acteurs sur le Theatre dès le soir, & qu'ils n'en sortent que le lendemain, & qu'ainsi leur faisant representer deux Actes en un jour, & trois en l'autre, il comprend dans son Poëme deux jours & une nuit; &* dans la même page : *J'ai trouvé qu'elle étoit dans la regle de douze heures, contre la pensée de quelques-uns ; &* en la page 11. *Contre l'imagination de ceux qui veulent accuser Terence d'avoir contrevenu à cette ancienne regle.*

Si ce n'est avoir expliqué bien clairement la fauſſe opinion des Grammairiens que vous alleguez, Donat, Eugraphius, Muret, & Fabricius, j'avouë franchement que je ne ſai ni le Latin, ni le François. Il eſt vrai que je ne les ai pas citez, parce que je n'ai point voulu me charger de leurs erreurs, ni perdre le temps à rebattre des textes ſi peu raiſonnables, & je ne les ai pas nommez, afin de ne pas ſeulement faire injure aux morts : mais vous n'avez pas dû m'accuſer de ne les pas avoir vûs; car pour le Donat j'en ai eu le même exemplaire que vous, de l'impreſſion de R. Etienne, tiré de la Bibliotheque de Monſieur le Premier Preſident du Parlement. Eugraphius me fut envoié par vous-même le lendemain de notre pourmenade dans Luxembourg : J'ai veu Muret dans le Cabinet de Monſieur Patru en la preſence de Monſieur d'Ablancourt, auſquels je fis remarquer la beveuë de cet Auteur; & pour le Fabricius je le trouvai dans cette boutique du Palais, où j'ai ſouvent eu votre converſation : Après quoi je n'eſtime pas que vous aiez dû m'imputer d'avoir fait imprimer *que jamais perſonne ne s'étoit aviſé de lui reprocher ce defaut.* Auſſi ne trouvera-t'on point ces paroles en tout mon diſcours, elles ſont de votre invention & peut-être de votre humeur. Je ne m'en étonne pas neanmoins, puis que vous m'imputez encore d'avoir dit *que c'étoient les paroles de Scaliger mal entenduës, qui vous avoient donné la croiance que quelques-uns l'en euſſent accuſé.* Car dans tout mon diſcours, excepté l'Exorde & l'Epilogue, où je n'ai rien obmis des complimens que la civilité demande entre gens d'honneur, je n'ai parlé qu'en tierce perſonne, craignant que la neceſſité de m'exprimer, m'obligeât à quelques paroles dures & fâcheuſes, ſi je m'adreſſois à vous : tant j'ai eu de ſoin de conſerver la bienſeance, & de me gouverner en cette liſpute avec douceur & modeſtie : & je n'avois garde de vous imputer d'avoir fait cette faute ſur les paroles de Scaliger ſeulement, puiſque

que vous aviez pris la peine de m'envoier vous-même
Eugraphius & d'en marquer le texte : ce que vous ne
pouviez faire fans l'avoir leu, & vous m'en parliez avec
cet Eloge dans les Lettres que vous m'écrivites en me
l'envoiant, *Eugraphius qui eft le plus ancien Scholiafte
que nous aions à prefent fur cette Comedie.*

De favoir maintenant quelle eftime on doit faire de
ces Auteurs touchant l'Art du Theatre, je n'en parle-
rai point ; mais je croi que l'on peut divifer la Critique
en deux genres. La premiere eft celle qui cherche les
chofes anciennes par les lumieres de la raifon & d'un
long étude, & qui travaille à nous reftituer des fciences entieres, ou du moins ces grandes & notables merveilles des fiecles paffez : telle eft la critique d'un Mar-
cile Ficin, quand pour corriger un paffage de quelque
Philofophe, il emploie les belles maximes des Platoni-
ciens qu'il avoit profondément étudiées : D'un Cuias,
quand pour nous donner le veritable fens de quelque
loi, il va deterrer ces fameux Jurifconfultes avec l'efprit
defquels il avoit tant de familiarité, & les fait parler
avec autant de grace qu'ils faifoient dans la ville de Rome : D'un * Scaliger, quand pour nous expliquer les beau-
tez de quelque Poëte, il rappelle de Grece & d'Italie
quelques vieilles ceremonies de Religion, des coûtumes de Politiques, & quelques pompes étrangeres,
dont l'intelligence ne fe peut acquerir que par de longues Meditations fur les reftes illuftres de ces Peuples.
Or cette Critique eft favante ; car elle n'examine rien
que par de hauts raifonnemens, par un rapport de plufieurs connoiffances qui lui font certaines, par une grande
lecture, & par les belles lumieres qu'elle emprunte de
toutes les fciences, felon fes neceffitez. Elle eft noble ; car
elle n'a pour objet que les matieres fublimes & les grandes
chofes, & fi elle s'addreffe aux paroles, fr elle confulte les
regles & l'ufage de quelque Langue, ce n'eft que comme

un

---

* Neque enim jejuna nobis, Grammaticorum more, hiftoria texen-
da eft, fed doctis apponenda quadam, quafi ἐμβλήματα. Scalig. l.
I. c. 18. Poët.

un moien neceſſaire à l'intelligence des choſes, non par
un abaiſſement indigne; Elle ſait en cela comme ceux
qui donnent la gehenne à des Eſclaves, pour ſavoir le
ſecret de leur maitre. Elle eſt utile; car par ſes moindres ſoins elle nous decouvre cent veritez étouffées
ſous les mazures de l'Academie, mépriſées ſous les
galleries de Zenon, vagabondes dans le Lycée, & demeurées en friche dans le Jardin d'Epicure. Elle va
chercher ſous les marbres & le debris de Rome, cent
riches pieces de cabinet que la Juriſprudence, la Politique & la Morale avoïent perduës, & dont après elles
font leurs regles & leurs modelles. Elle trouve tous
les jours ſous la cheute de ces grands arbres du Parnaſ-
ſe des fleurs inconnuës, & foüillant juſque dans les plus
profondes cavernes, elle en tire des richeſſes ineſperées.
Mais (a) que peu de gens la connoiſſent, & que peu
s'en ſervent ſerieuſement!

L'autre Critique eſt celle que l'on peut nommer
la chicane de la Republique des Lettres, (b) elle ne s'é-
tend guere plus loin que la Grammaire, & n'oſe paſſer
au delà, parce qu'elle n'a pas aſſez de force pour ſe
ſoûtenir dans les ſciences plus ſolides. Son emploi n'eſt
qu'à feuilleter diverſes leçons, qu'un examen de notes & de commentaires, un rapport de pluſieurs paſſa-
ges que bien ſouvent elle n'entend pas, une recherche
de diverſes impreſſions, & pour chef-d'œuvre l'obſervation d'un manuſcrit. Et quand elle s'imagine avoir
rétabli la meſure d'un vers, ou la conſtruction d'une
periode, elle n'a pas moins d'orgueil que ſi elle avoit
relevé l'Empire de Trebiſonde, & remis les Rois de
Hieruſalem dans leur Trône, & telle eſt la ſuffiſance des
Gram-

(a) *Quàm pauci ſunt hodie qui vera germanaque Critica utilitatem vi-
dent aut ad ſeria convertunt. Dan. Heynſ. de conſt. trag. c. 12.*

(b) *Nibil non audent judicare Grammatici poſtquam artis ſua partem
κριτικὴν adjecere : non enim tanquam Grammaticis judicium illud eſ-
ſe poteſt attributum, ſed exiſtimandum eſt primi Philoſophi officium.
Scal. l. 1. c. 5. Poët.*

Grammairiens , & presque de tous les Scholiastes &
Glossateurs, qui fait dire à Scaliger (*a*) qu'il n'y a rien de
si miserable qu'un Grammairien.

(*b*) Cette Critique est rarement bien instruite de ce
qu'elle prétend enseigner ; car il n'y a point plus de certitude à prendre sur un exemplaire que sur un autre : Il n'y a pas plus d'asseurance qu'un manuscrit soit
plus correct qu'une impression , un Ecrivain n'étant
pas exempt de faillir & peut-être moins qu'un Imprimeur. Elle est basse, & toûjours attachée aux simples termes, aux accens, aux points & aux virgules,
& ne respirant que la poudre & les vers de quelques
vieux cahiers, dont elle ne tire rien que des choses le-
geres & bien souvent corrompuës. Elle est inutile ; car
voulant juger des choses par les termes, au lieu qu'il
faudroit juger des termes par les choses, elle est toûjours en danger de mal resoudre les difficultez qu'elle
agite , & souvent même elle se trouve au point de ne
pouvoir rien resoudre ; & quand elle fait tous ses efforts, elle nous donnera quelque lumiere du Grec ou
du Latin, qui sont des Langues mortes , & depuis long-
temps ensevelies.

Quant aux Critiques de la premiere sorte ils sont
d'une grande estime, & l'on ne doit pas les condamner legerement, ce sont ceux que (*c*) Farnabe dit passer
dans la savante poudre des Lettres humaines, & travailler dans le sanctuaire de la docte & profonde Critique , & c'est d'eux que j'ai parlé quand j'ai dit ,
*que Scaliger ni les Critiques n'ont jamais pensé d'accu-
ser Terence.*

Mais les autres sont entierement méprisables, sinon
qu'on

(*a*) *Nihil Grammatico infelicius* , *lib. 6. c. 7. Poët.*
(*b*) *Critici paucula de recentieribus discunt , de priscis multa judi-
cant temerè : ponam hic rationem, quam ex quindecim commentariis
nullus inventus est qui agnoverit. Scal. l. 1. c. 4. Poët.*
(*c*) *Eruditum humaniorum studiorum attigerunt pulverem , & peni-
tioris litteratura Critica sacris sunt operati. Farn. in Senec. ad Lecto-
rem.*

qu'on s'en veuille servir comme d'un valet, qui par hazard peut une fois en sa vie donner un bon conseil à son maître. Scaliger n'en fait pas grand état: Herodicus chez Athenée dit qu'ils sont toûjours empêchez après les syllabes : Alexandrides, qu'ils importunent tout le monde pour une nouvelle niaiserie qu'ils auront découverte, & Meursius corrige une infinité de fautes grossieres du Scholiaste d'Aristophane, dans son petit livre des Fêtes Grecques, ce qui ne convient pas à l'estime que vous faites de cet Ancien, quand il est de votre opinion, aussi les ai-je nommé les mauvais Critiques. Et * Farnabe dit que ce sont des gens qui n'ont que des animadversions *volumineuses*, des Commentaires de trois coudées, & des Scholies qui ne servent de rien, ou plûtôt selon † Heynsius des ordures & des inepties. Or les quatre dont il s'agit, sont à la verité fort savans en la Grammaire, & nous pouvons même deferer à leurs sentimens dans les autres choses qui pouvoient être de leur connoissance, ou qu'ils avoient étudiées, & c'est en ce sens qu'il faut entendre ce que vous écrivez de Donat *qu'il peut passer pour autheur* : mais pour le Theatre, je ne croi pas que vous nous obligiez à nous regler absolument sur ce qu'il en écrit, & moins encore sur les trois autres. La lecture de Terence leur en avoit donné quelques lumieres, ou plûtôt quelques ombres, plus à Donat, à la verité, qu'aux autres, parce que de son temps le Theatre étoit encore en credit ; mais comme ils n'avoient pas travaillé sur cette matiere avec dessein, ils en ont ignoré les principes, & beaucoup d'autres particularitez, & souvent mal entendu celles qu'ils pensoient avoir trouvées : & je n'en veux point d'autre témoin que vous-même, qui les condamnez dans toute votre réponse, comme d'une ignorance bien grossiere, d'avoir donné deux jours à cette Comedie, que vous
savez

---

* *Tricubitales commentarios, otiosa Scholia, voluminosas Criticorum animadversiones. Farn. in Senec. Epist. ad Roland.* † *Sordes & ineptiæ Grammaticorum. Dan. Heyns. de const. trag. c. 17.*

savez bien ne contenir pas seulement douze heures, &
que votre subtilité n'ose étendre affirmativement jusqu'à
seize. Après quoi je n'ai plus rien à dire contre ces Critiques, sinon que l'erreur des trois derniers, procede,
à mon avis, de la creance qu'ils ont donnée au premier, & que Donat ayant failli pour n'avoir pas bien
consideré cette Comedie, a fait faillir les autres, pour
ne s'être pas reservé la liberté de l'examiner après lui.

CHAPITRE VII.

*Du Temps necessaire au Theatre & de la justifi-
cation de quelques pieces anciennes accusées
mal-à-propos d'être defectueuses en cette circonstance.*

PAROLES DE Mr. MENAGE.

* *Ce que vous alleguez pour fondement solide & necessaire
que les Anciens Poëtes de la Grece, & de l'Italie,
n'en ont jamais representé, qui ne fût dans ce temps-
là, n'est pas davantage veritable.*

Replique de Monsieur l'Abbé d'Aubignac.

JE le repete encore, & soûtiens affirmativement que
dans les sept Tragedies que nous avons d'Æschile,
dans les dix-neuf d'Euripide, & dans les sept de Sophocles, dans les dix Comedies d'Aristophane (car le
Plutus est corrompu, comme je ferai voir incontinent)
dans les vingt de Plaute & les six de Terence, & même dans les dix Tragedies qui portent le nom de Seneque : Quoi que d'ailleurs la plûpart de ceux qui les
ont composées, n'ayent pas été fort intelligens au Theatre : qu'en tous ces Poëmes, dis-je, qui sont près de
quatre-vingt, il n'y en a pas un dont l'action ne soit
renfermée dans l'espace d'un demi jour ; car comme
nous n'en avons jamais veu d'autres des Auteurs Grecs
ni

* *Pag. 17. ed. 2. p. 31.*

ni Latins, je n'ai voulu parler que de ceux-ci, *& je
ne pouvois avoir en ce rencontre d'autre pensée qui fût raisonnable :* Il eût été inutile d'en excepter les mauvais
Poëtes qui travaillerent avant que ces trois premiers
Grecs, ces Triumvirs du Theatre, en eussent donné
des modeles, & Aristote des maximes; Et j'aurois été,
ce me semble, bien temeraire, de vouloir juger des-
avantageusement de tous les autres qui sont venus depuis, & dont le torrent des années ne nous a laissé que
des ruines. Et quand * Robortel enseigne cette même
regle, & donne les mêmes exemples, il fait la même
restriction aux Poëmes des Grecs & des Latins qui nous
sont restez.   Vous entreprenez neanmoins ici de prouver que nous en avons plusieurs, où les Anciens ont
excedé le temps prescrit par Aristote, ou plûtôt vous
vous efforcez de faire croire que vous le voudriez bien
prouver : mais c'est la plus notable & la plus sensible
illusion que vous ayez faite à vos Lecteurs dans toute votre reponse, & je m'étonne que vous ayez apporté de si mauvaises raisons, veu que c'étoit ce que
vous aviez principalement à soutenir pour excuser les
erreurs de notre temps Pour reduire donc en methode, autant qu'il est possible, la confusion que vous ap-
portez en cet endroit, comme en toutes les questions
que vous avez touchées : La premiere de vos preuves,
ou plûtôt des mauvaises conjectures que vous emploiez,
est une autorité de Castelvetro, qui impute ce defaut à Euripide, à Plaute & à Terence, sans que
neantmoins il en apporte aucuns témoignages. Cet
Auteur a sceu veritablement beaucoup de choses du
Theatre, mais non pas toutes. Je n'en veux point
d'autre témoin que vous-même, qui l'avez peut-être
trop hardiment relevé en plusieurs endroits. Mr. de la
Mesnardiere, dans les belles & doctes Controverses
de sa Poëtique, contre les sentimens de cet Italien, ne

D 2   de-

* *Rem totam hanc poterit quilibet diligenter perscrutari, scripta quæ
extant, tum Græcorum, tum Latinorum relegere. In Arist. Poët.*

demeure pas d'accord qu'il foit le Pytagore de la Scéne, dont les fimples paroles doivent paffer pour des re-
folutions : & ce que vous avez dit fur fa foi, eft non
feulement fans confideration, mais abfolument faux;
car dans tous les Poëmes d'Euripide, il n'y en a pas
un d'irregulier au temps, & vous le témoignez affez, quand après les avoir tous lûs par deux fois & fort
foigneufement, vous dites qu'il ne vous fouvient pas
bien à prefent en quelles pieces il a failli, & que
vous les chercherez à votre loifir. Ceux qui con-
noiffent ce que vous avez d'excellent, jugeront fi vous
êtes recevable de vous défendre par un defaut de
memoire, & ayant eu mon difcours manufcrit entre
vos mains, comme beaucoup d'autres de mes amis,
dix-huit mois auparavant la premiere édition de votre
reponfe, & 13. ans devant la feconde; vous n'avez
eu que trop de loifir pour les trouver s'il y en avoit :
Et dans les Suppliantes, ce Poëte a mieux aimé precipiter un peu les actions en rapprochant les lieux,
que de pecher contre cette regle, n'étant pas entierement contre la vraifemblance de faire imaginer aux
fpectateurs, qu'un homme a fait beaucoup de chemin en peu de temps, parce que cela peut arriver par
miracle ou par Magie, ou bien le Poëte peut raprocher
les lieux, & faire que la diftance en étant fuppofée
beaucoup moindre qu'elle n'eft en effet, les évenemens
puiffent être enfermez dans le temps propre au Theatre, comme nous avons dit ailleurs qu'Euripide fit dans
cette piece. Mais il eft impoffible que le fens des
fpectateurs ne foit bleffé, quand un homme qui ne fait
que paffer derriere la Scéne, revient auffi-tôt leur
conter qu'il s'eft écoulé deux mois depuis fon depart,
parce que la durée du temps ne fe peut pas refferrer
comme la diftance des lieux peut s'accourcir.

Plaute eft pareillement exempt de ce blâme, * auffi dites-vous que vous ne favez *de quelle Comedie
Caftelvetro entend parler*, & au regard de Terence,
qu'il

___

(a) qu'il le faut entendre de l'*Heautontimorumenos*, *toutes*
ses autres étant constamment dans l'espace de douze heures:
mais d'alleguer cette Comedie, c'est donner pour preuve la question qui est entre nous, & comme parlent les
Logiciens, retourner au principe, c'est-à-dire, apporter un argument inutile & sans consequence.

La seconde preuve est de deux anciennes Tragedies,
que nous n'avons jamais vûës, & dont nous avons si
peu de connoissance, que nous doutons de l'Auteur &
du titre de la premiere, aucuns l'attribuant à Sophocles, & d'autres à Æschyle; Euripide même en ayant
fait une sous même titre : (b) aucuns la nomment les
Phrygiens, ou la rançon d'Hector, & d'autres les bains
ou lavoirs d'Hector. Ajoûtez que Victorius qui l'attribuë à Æschyle, ne peut croire qu'il ait failli contre un
art dont il est le plus digne ornement, & qu'il entendoit mieux que personne, & cet Interprete tire argument de celle-ci, pour montrer que la Niobe n'étoit
point vitieuse.

Et pour la seconde, qui est cette Niobe, vous voulez opiniâtrement contre (c) Victorius, Robortel, la Raison & l'Art, qu'elle ait contenu quatre jours. Et parce qu'en quelques fragmens qui nous en restent on
trouve quelques vers qu'Æschyle semble avoir mis
en la personne de Tantale dans cette piece, vous soûtenez, non seulement que ce Poëte a fait Tantale un
de ses Acteurs, comme si quelqu'autre Acteur n'avoit
pas pû feindre par une prosopopée que Tantale avoit
parlé ainsi ; mais encore qu'il l'y a mis vivant, comme
s'il n'avoit pû y introduire son ombre, artifice commun chez les Anciens; Et même vous voulez qu'il l'ait
fait

<hr>

(a) *Pag.* 12. *ed.*
(b) *Schol. Æsch. ad Prom. Schol. Aristoph. Jul. Pollux. l. 7. c. 29.*
Laërt. in Socrat. Heyns. de const. trag. c. 8. in lavacris autem Hectoris
ed fabula nomen est, &c.
(c) *Non verisimile est Æschylum fabulam composuisse qua tanto nume-*
ro dierum egeret. Victor. in Arist. Poët.

fait parler vivant long-temps auparavant l'affliction de Niobe, comme s'il n'avoit pû reculer sa mort jusqu'en ce malheureux temps pour rendre la catastrophe plus funeste. Ainsi que les Tragiques ont souvent accoûtumé vers la fin d'une piece d'accumuler les evenemens : Je ne voi point aussi * qu'Aristote ait accusé cette piece de Polymythie, au contraire il dit selon même l'Interpretation de Victorius, que qui prendroit toute l'Iliade pour sujet d'une Tragedie, courroit fortune de tomber en ce defaut, & d'exceder l'espace de douze heures, & qu'il n'en faudroit prendre qu'une partie, comme Æschyle en sa Niobe & dans ses trois Promethées.

Et Aristophane qui de dessein formé se mocque d'Æschile & lui reproche ses fautes, n'auroit pas manqué de le railler de celle-ci, s'il y étoit tombé ; Enfin je ne puis comprendre que vous puissiez proposer comme de bonnes preuves des Ouvrages que vous n'avez jamais leus, ni quelle consequence vous pouvez tirer de deux Poëmes qui ne sont plus en nature, & qui vraisemblablement étoient reguliers, veu que tant de Modernes, aussi bien que vous, se sont mépris en la lecture de ceux que nous avons entre les mains. Et c'est par où j'entre dans la discussion des deux Comedies que vous raportez pour troisiéme preuve, avec aussi peu de raison. La premiere est le Plutus d'Aristophane que vous dites être *de la fin d'un jour, du commencement d'un autre, & d'une nuit toute entiere,* & que les deux derniers Actes contiennent bien *deux ou trois heures* : mais vous n'en dites pas tout ce qu'il faut pour nous la faire connoître, & vous en dites moins que vous ne deviez selon votre dessein : Il faut donc savoir que Aristophane

* *Arist. Poët. c. 17. & ibi Victorius. Non quemadmodum Æschylus qui scilicet partem ejus tantum sumpsit &c ut suspicari autem licet plura fuerant facta Niobes quæ non poterant commode una fabula includi ; unde prudenter Æschylus ipsa sejunxit, quemadmodum idem cum diversa forent facta Promethei, de illis confecit tres fabulas.*

phane a fait plusieurs fois deux Comedies de même
nom, & de même sujet, quand il y trouvoit de notables incidens qui ne pouvoient être commodément
raprochez: (*a*) Chose assez ordinaire aux Anciens, &
dont font foi les Iphigenies d'Euripide, les Ajax & les
Philoctetes de Sophocles, les Denis d'Alexis, les Phœ-
nix d'Ion, les Heritiers de Menandre, les deux Bacchus
de Magnes, ou de l'Auteur des Comedies qui porterent
son nom, les deux Amphitrions d'Archippus, les trois
Promethées d'Æschyle & beaucoup d'autres. Les Nuées
que nous avons d'Aristophane n'étoient que la seconde
de ce nom, qui fut representée sous la Magistrature
d'Amynias, l'an 2. de la 89. Olympiade, & la premiere avoit été jouée l'année précedente sous la Magistrature d'Isarchus, & moquée par les amis de Socra-
tes: Celle qui se nommoit la Paix n'étoit pas seule, il
y en avoit encore une autre, dont Eratostenes parle
douteusement; & (*b*) Crates en termes precis l'appelle la
seconde paix, dont même il a dit que l'on trouvoit beaucoup de fragmens: (*c*) Aucuns neanmoins pensent que
c'est la Lysistrate qui nous reste. Il y en avoit aussi
deux de la celebration des fêtes de Ceres, dont la premiere, au rapport d'Aule-Gelle & d'Athenée est celle
que nous voyons, mais nous avons perdu toutes les
deux qui portoient le titre d'Æolosicon: & les deux
autres nommées les Scénes ou Pavillons que (*d*) Schotte
distingue, & que quelques uns confondent & que même on attribuë à Platon le Comique, à cause peut-être
qu'il en avoit fait une de même nom, les Anciens
ayant souvent pris un même sujet aussi bien que nos
mo-

(*a*) *Victor. in Arist. Poët. Athen. lib.* 3. 4 9. 14. *Sept. Flor. ad Phil.
Soph. Athen. l.* 8. *& passim. Laërt. in Socr. Autor. vit. Arist.*

(*b*) Δευτέραν εἰρήνην, *Crates manifeste eam vocat, &c.*

(*c*) *Aut. vita Aristoph. Clem. Alexand. pæd. l.* 2. *Pollux lib.* 7. *c.*
10. *Athen. l.* 3. 8. 14. 15. *Erotoan. in Lexic. Suidas. Hesych. Etymol. Galenus in Bacchar.*

(*d*) *Antr. Schot. de Aristoph. Com. Aut. vit. Aristoph. Hesych. Ath.
lib.* 14. *Harpocrat.*

modernes. Or Ariſtophane avoit traité de cette ſorte le
Plutus, dont il fit deux Comedies, la premiere repreſentée l'an quatriéme de la nonante & ſeptiéme Olympiade, & l'autre cinq ans après, & de laquelle nous
trouvons encore des fragmens dans (*a*) Athenée, &
dans Meurſius qui en allegue auſſi les Scholies en pluſieurs endroits. De ces deux Comedies, il n'en eſt venu pas une ſaine & entiere juſqu'à nous; & celle qui
nous reſte ſous ce nom, n'eſt qu'une Rapſodie compo-
ſée de pluſieurs pieces de l'une & de l'autre mal ajuſ-
tées; ſoit (*b*) qu'Ariſtophane ou ſon fils ayent travaillé
les premiers à reduire les deux en une, & qu'après on
ait corrompu cette troiſiéme par les fragmens qui reſ-
toient des deux premieres; ou que le temps qui avoit
égaré quelque partie de l'une & de l'autre, ait donné
ſujet à quelque ignorant reſtaurateur, de joindre ou
plûtôt de confondre toutes ces vieilles ruines : Quoi
qu'il en ſoit, il eſt certain que le cinquiéme acte eſt du
ſecond Plutus, & qui le voudra exactement conſiderer,
reconnoîtra qu'il contient des choſes faites non ſeulement en deux heures après que Plutus le Dieu des richeſſes, a recouvré la vûë, mais pluſieurs mois auparavant cette Cataſtrophe. (*c*) Car en la premiere Scéne,
Mercure accuſe comme d'une impieté, ceux qui ont
procuré la gueriſon de Plutus, diſant que depuis ce
temps les hommes n'ont point fait de ſacrifices aux
Dieux, & que faute de pain, de gâteaux & de victimes, il eſt lui-même tout ſec & languiſſant de faim,
& qu'il a toûjours été privé du friant tourteau qu'on
lui offroit le quatriéme jour de chaque mois; & dans
la Scéne ſuivante le Prêtre de Jupiter fait une grande
plain-

(a) *Athen. lib. 9. Meurſ. in Eleuſin. c. 5. 7. 12. & 19.*

(b) *Interpolatam hanc Plutum quidam ab Ariſtophane cum ejus fi-
lio putant, aiuntque ſic quædam legi quæ ex ſecundo Pluto deſumpta
ſunt. Aut. vit. Ariſt.*

(c) Νυνὶ δὲ πεινῶν, &c. οἴμοι τάλας πλακῦντ῀, τὸν τετράδι
πεπεμμένε.

plainte, (*a*) qu'il meurt auſſi de faim, & qu'autrefois les hommes étant pauvres immoloient des victimes pour obtenir de Jupiter quelque bonne fortune, & ſouvent prioient le Sacrificateur d'aſſiſter au feſtin : mais qu'é-tant maintenant tous riches, il n'y en a pas un qui en-tre ſeulement dans le Temple pour prier, & qu'il n'y voit plus qu'une troupe de vilains qui ſe détournent du chemin pour y venir faire de l'ordure. Dites-moi, je vous prie, comment ces choſes auroient pû ſe fai-re en deux ou trois heures : comment Mercure auroit-il pû languir de faim, & comment auroit-il pû remarquer qu'on (*b*) ne lui donnoit plus tous les mois ſes gâteaux ordinaires, s'il ne ſe fût paſſé pluſieurs mois depuis la gueriſon de Plutus ? Et comment ce Prêtre auroit-il dit qu'autrefois les hommes ſacrifioient pour être riches, s'il n'y eût eu fort long-temps que Plutus avoit eu les yeux ouverts ?

J'eſtime donc qu'Ariſtophane avoit fini la premiere Comedie au recouvrement de la vûë de Plutus, ſuivi de la joie des gens de bien & de l'affliction des mé-chans, ce qui en ſoutenoit ſa Cataſtrophe ; & que dans la ſeconde, après avoir repreſenté par diverſes bouf-fonneries le changement qui étoit arrivé dans toutes les conditions des hommes, depuis cinq ou ſix mois que Plutus étoit clairvoiant, il venoit juſqu'aux raille-ries de la Religion, afin de prendre occaſion de donner à Plutus la place du plus grand des Dieux dans le Temple, & de faire paſſer la pompe de cette Apo-theoſe pour une Cataſtrophe magnifique : mais toutes ces choſes, dont Ariſtophane avoit fait deux bonnes Comedies, ſont tellement imparfaites & confonduës dans le deſordre où le temps & l'ignorance en ont re-duit les reſtes, qu'on n'en peut rien alleguer qui ſerve d'exemple ou de regle à la conduite generale d'un Poë-me

(a) Ἀπόλωλ' ὑπὸ λίμε, &c. καίτοι πότε ὅτ' εἶχον οὐδὲν. &c.

(b) πλὴν ἐπιπαττομένοι.

me Dramatique : Et je ne veux pas oublier que les Comedies de ce Poëte ont été si mal-traitées par les mauvais Compilateurs, ou par la negligence des Imprimeurs, que ses Harangueuses (qui sont au reste la plus belle & la plus reguliere de ses pieces) en ont ressenti l'effet ; car le chœur qui doit être à la fin du troisiéme Acte où il n'y en a point, a été inseré dans le milieu d'une des Scénes, dont il rompt la suite, & y paroit manifestement inutile & hors d'œuvre. C'est une petite faute qui ne laisse pas de corrompre toute l'œconomie d'un Poëme, & donne mal à propos quelque pretexte d'en blâmer l'Auteur.

L'Amphitrion de Plaute est l'autre Comedie que vous voulez faire passer pour irreguliere, à cause que Heynsius & d'autres prétendent qu'elle contient plusieurs jours, & plusieurs mois, & neanmoins vous demeurez d'accord vous-même *qu'elle ne contient pas plus de douze heures*, & vous essayez de le prouver, bien que par d'assez foibles conjectures ; vous verrez peut-être quelque jour dans mes observations sur ce Comique, les veritables raisons qui nous doivent persuader qu'elle est une des plus parfaites de l'Antiquité.

La quatriéme de vos preuves est une allegation des mauvais Poëtes qu'Aristote a condamnez, en ce que ne renfermant pas l'action du Theatre dans le tour d'un Soleil, ils ne mettoient point de difference entre les Poëmes Dramatiques & les Epiques, ce qui est un très-notable defaut : les moins habiles jugeront avec quelle hardiesse vous vous éloignez de la raison, en donnant pour exemple des ouvrages inconnus que la longueur des Siecles a moins ruinez que leurs propres imperfections, & qui sont condamnez par celui-là même qui nous a conservé les plus belles maximes des Grecs.

La cinquiéme, est une authorité que vous usurpez de deviner & d'affirmer ensuite, *que plusieurs des Anciens ont excedé le tour d'un Soleil*, vous voulez assurement qu'*Æschyle ait fait cette faute dans sa Medée aussi bien que dans sa Niobe, que s'il étoit vivant & Euripide aussi,*

auſſi , ils demeureroient d'accord d'y être tombez l'un &
l'autre, que deux cents autres Poëtes Grecs ne l'ont pas evi-
tée dans ces pieces , dont il ne nous reſte que les titres , ou
quelques fragmens : Qu'Andronicus , Ennius, Nævius ,
Pacuvius & les autres Latins étoient de bonnes gens qui n'ob-
ſervoient pas les regles du Theatre , & que parmi les ſix-
vingts-dix Comedies qu'on attribuoit à Plaute, il y en a-
voit beaucoup de cette ſorte : Mais ſi l'on conſidere que
vous vous defendez par des pieces dont l'on ne connoit
ni le ſujet , ni l'œconomie , dont nous n'avons ni acte,
ni ſcéne ; dont nous ignorons le nom des Auteurs , la
pratique de leur temps & les coûtumes de leur païs,
dont pluſieurs par les ouvrages qui nous ſont demeurez
entiers , ont ſervi de modelle à leur poſterité depuis dix-
huit cents ans , & dont les ſimples fragmens ſont comme des Reliques venerables à tous les Doctes , on dira
ſans doute, que vous n'êtes pas content de mettre en u-
ſage les Sophiſmes contre la verité; mais que vous voulez troubler le repos des morts, que vous violez des
Sepultures où l'on verſe des pleurs, depuis tant de ſiecles , & que vous rendez vos mauvaiſes penſées conta-
gieuſes à ces grands Genies dont vous avez herité tout
ce que vous avez de plus précieux, & dont la fureur du
temps n'a pû jamais entierement triompher.

CHAPITRE VIII.

Des Dionysiaques des Marets celebrées dans Athenes.

PAROLES DE Mr. MENAGE.

(a) Les Atheniens celebroient trois Fêtes en l'honneur de ce Dieu, &c.

Replique de Monsieur l'Abbé d'Aubignac.

DEs trois Fêtes de Bacchus que vous contez ici, (b) Scaliger, Casaubon, Hospinian, Boulanger & beaucoup d'autres savants aux antiquitez de la Grece, n'en font que deux ; estimant, comme il y a beaucoup d'apparence que les Dionysiaques de la Ville, & celles des Marets, ne sont pas differentes, & que ce sont les Anthesteries celebrées au mois Anthesterion. Aussi ce qu'on nommoit les Marets dans Athenes, n'étoit pas un lieu champêtre & marecageux, mais le quartier où fut bâtie la vieille ville auparavant Thesée, & depuis la citadelle ou haute ville, au rapport de (c) Thucydide : comme nous voions maintenant que les Marets du Temple font le plus grand & le plus beau quartier de Paris. Que si pour établir les Dionysiaques de la ville au mois

Ela-

(a) *Pag. 25. ed. 2 pag. 50.*
(b) *Scal. de Emend. Casaub. in Theop. Hosp. de Fest. orig. Buling. l. 1. de Theat.*
(c) *Lib. 2. Thucyd.*

Elaphebolion, il n'y a point d'autre authorité que
celle de (*a*) Thucydide qui femble parler de ce mois &
de ces Fêtes, comme s'ils étoient en même temps,
j'eftime que ce n'eft pas affez. Il eft vrai que cet
Hiftorien écrit que le traité d'Athenes, & de Lacedemone fut fait fous la Magiftrature d'Alcæe le 20.
du mois Elaphebolion, peu de temps après les Dionyfiaques de la ville ; mais comme les Magiftrats
d'Athenes (*b*) dans le compte & les dattes de tous les
actes du Confeil, ne fuivoient jamais que l'an Prytanée, qui leur étoit particulier, comme nous dirons ci-après, fans doute que ce mois Elaphebolion,
que Thucydide remarque par le nom du fouverain
Magiftrat d'Athenes, & par la datte d'un fi fameux
traité concernant les affaires publiques, étoit celui
de l'an Prytanée. Et pour les Dionyfiaques étant
des Fêtes dont le temps de la celebration regardoit
la conduite du peuple, elles fuivoient l'année vulgaire. Or comme l'an Prytanée ne convenoit prefque jamais avec le vulgaire, il eft à croire qu'au
temps dont Thucydide parle, le mois Elaphebolion
de l'an Prytanée s'étoit de telle forte avancé, ou le
vulgaire tellement reculé, que ces Fêtes celebrées au
mois Anthefterion vulgaire, & dont elles emprunte-
rent le nom d'Anthefteries, fe rencontroient dans
l'Elaphebolion de la Prytanée, & que l'Hiftorien
a joint ces chofes pour nous marquer en quel temps
de l'une & de l'autre année ce traité avoit été fait,
comme il fe trouve beaucoup de pareils endroits
chez les anciens Auteurs, même que Thucydide
fait commencer en ce lieu le mois Elaphebolion des
Atheniens avec l'Arthemifios de Lacedemone, & ailleurs avec le Geræftios de la même Republique. Ce
qui montre l'inconftance des mois des Atheniens, &
combien ceux de l'an Prytanée s'avançoient & reculoient

(a) *Lib.* 5. *Thuc.*
(b) *Plutarch. in decem Orator. paffim.*

loient fur l'année vulgaire. Si bien que ce paffage ne
conclut point , & pour mettre des Dionyfiaques au mois
Elaphebolion de l'an vulgaire, il faut chercher des témoignages plus clairs, & plus puiffans. Car pour les
Anthefteries, il eft certain qu'elles étoient celebrées au
mois Anthefterion, & qu'elles font les Dionyfiaques
de la Ville.

CHAPITRE IX.

De la Licence des Valets aux Anthesteries, & autres Fêtes des anciens Grecs.

PAROLES DE M^r. MENAGE.

(a) Quant à ce que vous dites, qu'ils traitoient lors de pair à compagnon avec leurs Maîtres, cela ne se trouve point. &c.

Replique de Monsieur l'Abbé d'Aubignac.

VOus proposez si hardiment tant de choses contraires à la verité, qu'à la fin vous me ferez croire que vous ne les savez pas, ou que votre memoire est bien avare des richesses qu'elle garde, si vous les avez sçûës. Car il n'y a pas lieu de douter qu'en cette Fête de Bacchus les valets & les maîtres ne fissent debauche ensemble, & quand vous dites qu'un moderne & moi nous sommes trompez en prenant les Dionysiaques des Grecs pour les Saturnales des Romains, vous vous êtes bien trompé vous-même. Cette sorte de débauche n'a point été particuliere aux Romains; elle fut observée presque chez tous les peuples de la Grece & longtemps auparavant les Saturnales, elle passa de Grece en Italie & se pratiqua même dans l'Orient.

(b) Le Poëte Accius, qui sans doute fut mieux instruit

(a) Pag. 27. ed. 2. p. 52.
(b) Et mos traditur illinc iste ne cum Dominis famuli tum epulentur ibidem. Accius in Annal.

truit que vous des ceremonies de ſon païs, & qui même étoit plus proche de leur origine de prez de 1800.
ans, a laiſſé par écrit en ſes Annales, que les Grecs &
principalement les Atheniens avoient une Fête nommée Cronia, en laquelle les Maitres & les eſclaves faiſoient enſemble grande debauche, & que cette coûtume paſſa d'eux en Italie. Et nous l'avons appris dans
un fragment de ſon ouvrage rapporté par (a) Macrobe, qui n'eſt pas un Ecrivain mépriſable en cette matiere, & qui n'ayant pas contredit le temoignage de ce
vieux Poëte, montre bien qu'il n'eſt pas de votre
avis, & que cette licence des valets n'eſt point particuliere aux Romains, mais qu'ils l'ont reçûë des
Grecs. Auſſi (b) Macrobe a-t'il eu la croiance (& la ſou-
tient du temoignage des Philochorus qui l'avoit bien
devancé) que cette Fête avoit été inſtituée par Ce-
crops premier Roi d'Athenes, deux cens ans & plus
avant l'âge de Saturne Roi d'Italie, en l'honneur des
inventeurs des fruits champêtres, qu'il ſurnomme
des noms Divins de Jupiter, & de la terre. Ce qui
convient à ce que (c) Pauſanias écrit, que ce Roi Athenien fut le premier qui fit recevoir Jupiter pour Dieu,
& lui inſtitua des Sacrifices. Et la raiſon pour laquelle
il voulut qu'en cette Fête les valets euſſent la joie d'ê-
tre pour quelques momens égalez à leurs Maitres, étoit
au rapport de Macrobe, parce qu'ils travailloient autant qu'eux à la culture des terres & à la recolte des
fruits, ajoûtans que par la conſideration de leur travail, les Dieux avoient quelque complaiſance pour
leur devotion.

(d) Athenée qui ne peut être contredit en cette matiere, écrit en termes exprès, parlant des Saturnales,
que cette coûtume étoit Greque, & ailleurs alleguant
une raiſon de Baton Synopien, repete que les Satur-

B2

(a) *Macrob. lib. 1. Satur. c. 7.*
(b) *Idem ibid. c. 10.*
(c) *Pauſanias in Att.*
(d) *Lib. 4. 7. & 14.*

nales étoient une Fête des Grecs, & que ceux d'Arcadie, au rapport de Theopompus, admettoient en certain temps les valets à la table des maîtres beuvans & mangeans indifferemment les uns avec les autres. Les Trezeniens felon Cariftius avoient une Fête de plufieurs jours au mois Geræftion en l'un defquels les efclaves jouoient aux offelets avec les Bourgeois, & les maîtres faifoient feftin à leurs valets. Les Theffaliens dans la celebration des Peloriennes, ou Fêtes de Jupiter Pelorien, traitoient folemnellement tous les étrangers, delivroient les prifonniers, fervoient leurs valets à table & leur donnoient toute licence. L'origine de cette Fête n'eft pas mal plaifante. Durant un Sacrifice que les Pelafgiens faifoient en commun, un certain nommé Pelore aporta nouvelle à Pelafgus, que par un grand tremblement de terre qui s'étoit fait en l'Hæmonie, les montagnes de Tempe s'étoient entr'ouvertes, & les eaux dont fe faifoit auparavant un étang large & fpacieux, écoulées entierement dans le fleuve Penée, & que par cet heureux rencontre le païs s'accroiffoit d'une grande & vafte pleine autant agreable à la vûë, qu'on en pouvoit efperer de fecondité. A ce recit Pelafgus ravi de joie, fit dreffer à Pelore un magnifique feftin, où même chacun envoia ce qu'il avoit de plus exquis & le voulut fervir lui-même à la table, comme firent pareillement à fon exemple toutes les autres perfonnes de qualité, & depuis en memoire de cette avanture fut établie cette fête de Jupiter Pelorien.

Parmi les Sydoniens fut jadis une fête en laquelle les maîtres n'entroient point en la ville, & les efclaves demeuroient comme Seigneurs abfolus de toutes chofes, aiant même la puiffance de faire fouëtter les libres, s'ils leur en donnoient fujet. (a) Dans la Crete, dont l'on fait que les habitans étoient Grecs, ils pratiquoient, felon Caryftius, aux fêtes de Mercure la même ce-

Tome III.   E   re-

(a) *Ath. l. 4.*

remonie que les Romains en celle de Saturne à Sparte
les Maîtres faisoient grand festin avec leurs Valets aux
Hyacinthies. Et les (*a*) Babyloniens avoient le seiziéme de Loos une Fête nommée Saceas, peut-être du
nom de la Ville nommée quelquefois Sesac, en l'honneur de la Terre, qui duroit cinq jours, pendant lesquels les Valets commandoient aux Maîtres, beuvans,
chantans & dansans jour & nuit, & l'un desquels étoit
vêtu d'une Robe Royale, & surnommé Zoganes; d'où
vient qu'où (*b*) Daniel parle d'une grande débauche des
Babyloniens, quelques-uns traduisent *in gustu Agazonis*, selon l'intention d'Agazon, & non pas *in gustu vini* ou *vino dictante*, dans le plaisir du vin, & prétendent que ce festin se fit en cette Fête Saceas, & que
cet Agazon en étoit le Zoganes, c'est-à-dire, le Chef
ou le Roi des Valets. Telle fut autrefois la débauche
des petites Bachanales chez les Atheniens; & après
tous ces témoignages de la Religion des Grecs, vous
ne devez pas douter, ce me semble, que les Romains
n'en ayent emprunté, & principalement de ces Anthesteries d'Athenes, la débauche de leurs Saturnales; &
je m'étonne que vous contestiez la véritable intelligence du Proverbe (*c*) *Dehors Cariens, la Fête de Bacchus
est passée*; car puisque les Esclaves étoient chassez dehors par les Maîtres après les festins, ausquels ils avoient
droit de s'ébattre en cette fête, selon tous les Auteurs
qui le rapportent, il falloit qu'ils fussent en quelque lieu
où ils n'eussent pas accoûtumé d'être, non seulement
dans la maison de leurs Maîtres, d'où certainement on
ne les chassoit pas, puisque c'étoit là qu'ils devoient
rendre leur service : non seulement dans la chambre
où ils entroient aussi bien tout le reste de l'année, comme au jour de cette fête : mais à la table qui étoit le

lieu

(*a*) *Cælius Rhod. Xenophon l. 7. Athen. l. 14. c. 10. & ibi Casaub.*

(*b*) *Dan. c. 5. Ibi Vatab.*

(*c*) *Zeneb. San. 4. 33. Diogen. c. 24. Suid. 7. 90.*

lieu seul, où ce jour ils avoient leur place contre l'ordinaire, & d'où ils étoient chassez après la débauche par ces paroles, qui les avertissoient de ne pas continuer plus long-temps la liberté qu'ils avoient euë. Et si par le Proverbe les Maîtres n'eussent voulu dire à leurs Esclaves autre chose, sinon retournez à votre besogne, il auroit été absolument inutile, & les Anthesteries n'auroient eu rien de different pour les Esclaves d'avec les autres Fêtes, durant lesquelles les Valets ne travailloient point, & faisoient même entr'eux toûjours quelque débauche, & après lesquelles il faloît qu'ils retournassent à leur besogne, comme à l'ordinaire, sans qu'il fût necessaire de les en avertir. D'où vient (a) qu'Erasme, qui n'est pas un mauvais Auteur, écrit que ce Proverbe s'applique ordinairement à ceux qui croient que les choses qui leur ont été permises durant quelque temps, pour certaines considerations, leur doivent être permises pour toûjours. Et quand toutes ces raisons ne vous satisferont pas, il me semble que le sentiment de Charles Etienne, & d'Hospinian, ne doit pas être de moindre considération que le votre, dont (b) le premier écrit qu'aux Anthesteries les Esclaves Grecs, comme les Latins anx Saturnales, étoient receus joieusement à la table de leurs Maîtres : Et l'autre, (c) que les Maîtres aiant permis en ce jour à leurs Esclaves de s'asseoir à table avec eux, si puis après ces Esclaves s'emportoient à quelque licence, où s'ils trouvoient par la ville quelques Mercenaires oisifs, ils usoient de ce Proverbe en riant & les avertissant de leur

E 2

de-

(a) *Dici consuevit ubi quis semper eadem sibi sperat commoda, aut idem semper licitum fore credit, quod aliquando pro temporis ratione fuerit permissum.* Erasm. in Adag.

(b) *In Anthesteriis & à Latinis in Saturnalibus, servi Græci hilaribus conviviis à Dominis suis excipiebantur.*

(c) *Cum enim Domini servos & rusticos una secum accumbere permisissent in Pithœgiis, iis finitis, si eodem jure deinceps etiam uti voluissent, aut quos è caribus seu rusticis & mercenariis in urbe otiosos offendissent, per jocum dicebant eis, &c.* l. 2. c. 11. de Orig. Fest.

devoir. Mais pour achever de confondre votre erreur, voiez ce qu'a dit Lilius Giraldus à mon avantage, cent ans avant notre dispute. Il ne doit pas être traité d'ignorant en cette matiere, après ce merveilleux ouvrage qu'il a fait des Dieux de la gentilité; Et c'est-là qu'il nous apprend (*a*) qu'aux Anthesteries d'Athenes, comme aux Saturnales des Latins, les Esclaves avoient accoûtumé de faire grande chere à la table de leurs Maîtres, & qu'après la Fête ce Proverbe étoit usité ; *Dehors Cariens* (c'est-à-dire, Esclaves) *les Anthesteries sont passées.* Et l'un des plus savans Interpretes de Justin, dont le Commentaire n'a paru que dix ans après mon discours, à qui vous avez envoié votre réponse, & qui n'a pas laissé d'être d'un sentiment contraire au votre, & conforme au mien, aiant expliqué cette ceremonieuse débauche des Saturnales, ajoûte que les Cretois avoient accoûtumé d'en faire de même en leurs Mercuriales, les Thessaliens aux Peloriennes, & les Atheniens aux Anthesteries; & veut, selon l'opinion des Savans, que ces Fêtes soient imitées des Scenopegies du peuple Juif, celebrées sous les pavillons, tant par les Esclaves que par les libres, parmi les festins, le repos, & les réjouissances.

Et j'ose même avancer qu'à bien examiner, selon l'esprit des bons Dramatiques, les paroles que (*b*) Terence met en la bouche de ses Acteurs, il est facile de reconnoître cette verité, & qu'en la débauche de cette Comedie, les Valets mangerent avec les Maîtres;

car

(a) *Anthesteria celebritas quæ in Anthesterione mense agebatur, in qua, ut à Latinis in Saturnalibus, servi conviviis liberalibus excipiebantur, quibus peractis proverbium emanavit. Ite foras Cares. Id est, servi, non amplius Anthesteria. Lil. Girald. Synt.* 17 *de Diis gent. Domini excipiebant servos liberalibus conviviis, &c. Simili festivitate ferè sunt usi Cretenses in Mercurialibus suis, in Peloriis Thessali, Athenienses in Anthesteriis, & existimant Eruditi originem traxisse hoc festum ex Scenopegiis populi Judaici &c. Fungerus in lib.* 43. *Just. Ex Deuteron.* 16. *Et epulaberis in festivitate tua, tu, filius tuus, & filia, servus tuus & ancilla.*

(b) *Dionysia hic sunt. Act.* 1. *Sc.* 1. *Apud eum Miles Dionysia agitat. Act.* 4. *Sc.* 4.

car il n'eſt pas content d'avoir marqué par deux fois
qu'on celebroit par toute la Ville d'Athenes la Fête de
Bacchus, que Chremes avoit convié la plûpart de ſes
voiſins, & qu'on avoit fait chez lui grande dépenſe ;
mais il fait dire encore à Syrus (a) dès la Scéne 3. du
2. Acte, voyant Bacchide approcher avec Antiphile
& leurs ſervantes au nombre de plus de dix : Bons
Dieux ! que de gens, ils ne ſauroient tenir dans la maiſon, que mangeront-ils, & que boiront-ils ? car ce
n'eſt pas l'ordinaire que dans la Ville les Valets demeurent en foule à ſouper où les Maîtres ſont priez, &
quand même ils y demeureroient, on ne ſe met pas
fort en peine de ce qu'ils doivent manger, parce que
les reſtes de la table des Maîtres ſont bien petits, s'ils
n'y ſuffiſent ; ſur-tout à des Eſclaves, tels qu'étoient
ceux des Atheniens, qu'on traitoit toûjours aſſez mal.
Mais par ce diſcours Syrus fait voir que Bacchide qui
étoit la Maîtreſſe de Clitiphon fils de ſon Maître, &
qui paſſoit neanmoins pour celle de Clinias ſon ami,
ne devoit pas être ſeule à la table, puis qu'on n'étoit
pas en peine de la traiter ſeule. Et dans (b) la Scéne
1. du 3. Acte, Chremes racontant à Menedeme le deſordre & la dépenſe de ce feſtin qu'il avoit fait à Bacchide, comme Maîtreſſe de Clinias, je ne lui ai donné qu'une fois à ſouper avec celles qui l'ont accompagnée ; mais s'il falloit recommencer, je ſerois ruiné. Or
ſi Chremes n'avoit traité que Bacchide & Clinias à ſa
table, ſeroit-il pas impertinent de lui faire faire ce diſcours, & s'il n'avoit donné à manger à toutes ſes ſervantes qu'avec ſes valets, auroit-il eu ſujet de craindre
d'être ruiné par un ſecond feſtin, dont il eût pû
s'acquiter par une piece de bœuf, un plat de feves, ou

E 3

quel-

(a) *Ancillas plus decem. Act. 3. Scen. 1. Egomet & convivas moror. Act. 1. Sc. 1. Ancillarum gregem. Act. 2. Sc. 3. Dii boni ! Quid turba eſt ? ades noſtra vix capient, quid comedent, quid ebibent ? Act. 2. Sc. 3.*

(b) *Ei unam cœnam atque ejus comitibus dedi, ſi iterum, &c.*

quelque autre viande encore de moindre prix ? Et
ce qui me femble de plus confiderable en ce rencontre, eft que le Poëte ayant voulu conferver Antiphile
dans un état de modeftie entiere, felon le caractere
qu'il lui donne dans toute la Comedie, (*a*) il fait adroitement qu'on la fepare de toute la troupe de Bacchide,
& qu'on la met dans l'appartement & auprès de Softraf-
te Mere de Clitiphon, qui n'affifte point au feftin.
Examinez bien toutes ces circonftances, & vous jugerez que toutes les fervantes de Bacchide avec Syrus,
Dromo, & les autres valets avoient tous enfemble fait
la débauche, felon la coûtume de cette fête à la table
des Maîtres, où lors il n'étoit pas féant qu'Antiphile,
dont le Poëte fait une honnête fille, pour en faire une
honnête femme, fut prefente : autrement en la confi-
derant feulement comme une compagne de Bacchide,
il n'eût point été dans la bienféance qu'elle eût mangé à la même table ; ou fi on l'eût regardée comme une fille de fa fuite, il n'étoit pas contre la raifon
qu'elle mangeât avec les autres. Et pour ne laiffer aucun fcrupule en cette matiere, nous voions clairement
dans (*a*) Athenée, qui recite en divers endroits plufieurs chofes arrivées parmi ceux qui celebroient les fêtes appellées Chytres & Choes, qui faifoient partie des
Anthefteries, qu'on faifoit en ce temps dans la Ville
d'Athenes grande débauche, où les chefs de la famille
affembloient des femmes publiques, Muficiens, Dan-
feurs, Boufons, Joüeurs de paffe-paffe & autres fup-
pôts du Dieu Bacchus, avec ceux de leur connoiffance & leurs domeftiques. Ce qu'on ne peut pas entendre chez les bons Auteurs Grecs autrement, que pour
leurs valets. Ce qui convient affez bien à l'hiftoire de
notre Comedie, où nous trouvons Bacchide, fes fer-
van-

(a) *Ad tuam matrem deducetur. Act. 2. Sc. 13. Ea quæ nunc eft
ad uxorem tuam. Act. 3. Sc. 3.*
(b) *Athen. lib. 4. c. 1.* ἐπεισϐάλλωσιν ὑμῖν οἱ κἀν τοῖς χύ-
τροις. Ἀθηναῖοι λειτυργήσαντες. *Ibi Cafaub.* τῶν Διονύσου τεχνιτῶν.

vantes & les valets de Chremes avoir paffé toute la
nuit en feftin dans fa maifon, & fans doute à fa table, fuivant la coûtume & la licence des Anthefteries, hors lefquelles je n'eftime pas que Chremes eût
fouffert que des femmes de cette vie euffent mangé
chez lui avec fon fils, & en fa préfence. Je pourrois
ajoûter une infinité de femblables obfervations de plufieurs graves témoins, avec lefquels il me fera plus glorieux d'encourir votre cenfure, que de bien rencontrer
à votre goût. Mais c'eft affez pour vous montrer que
fi les Grecs aux fêtes de Jupiter, de Mercure & d'autres Dieux ont donné cette licence à leurs valets, il
feroit bien étrange qu'ils ne l'euffent pas fait en celles
de Bacchus l'Auteur de la débauche & des defordres.

CHAPITRE X.

De Plusieurs Fêtes de Bacchus celebrées à Athenes.

(a) PAROLES DE Mr. MENAGE.

Voilà toutes les Fêtes de Bacchus celebrées par les Atheniens.

Replique de Monsieur l'Abbé d'Aubignac.

SI vous avez eu dessein de nous abuser en cet endroit, il n'y falloit pas oublier vos subtilitez ordinaires, il falloit embarasser votre sentiment, ajoûter une correction imperceptible après cette affirmation si hardie, apporter plusieurs contrarietez de quelques Glossateurs pour vous sauver dans la foule, en un mot faire comme par tout ailleurs, c'est-à-dire, donner à connoitre aux Savans que vous pensez le contraire de ce que vous écrivez. Mais si vous vous êtes abusé vous-même, il est à propos de vous en avertir, & d'empêcher un Lecteur de bonne foi de vous suivre dans cette erreur.

Sachez donc, Monsieur, que les Atheniens celebroient en l'honneur de Bacchus beaucoup d'autres Fêtes grandes & fameuses; outre les trois dont vous avez parlé, même sans sujet.

(b) Ils avoient entre autres au mois Pyanepsion les Apaturies qui duroient trois jours selon la plus saine

opi-

opinion, & non pas quatre, comme ont dit Hefychius
& Simplicius, & qui faifoient néanmoins ceffer (a) toutes les Jurifdiétions d'Athenes pendant cinq jours. En
cette Fête Bacchus étoit furnommé *Chevre noire* (b) ;
Elle fut inftituée en fon honneur (c), bien qu'au fecond
jour on facrifiât à Minerve & à Jupiter ; & même les
femmes à Ceres furnommée Courotrophe. (d) Elle fut
auffi celebrée par les Samiens au rapport d'Herodotée, &
par les Trœzeniens felon Paufanias en fes Corinthiaques ;
mais l'origine en étoit particuliere aux Atheniens : car
ayant guerre avec les Bœotiens, Xanthius fit appeller
en duel Tymoëtes Roi d'Athenes, lequel ayant réfufé
le combat, Melanéthe l'accepta pour lui, & pour la
gloire des Atheniens ; mais Xanthius approchant pour
fe battre, Melanéthe apperçut qu'il étoit fuivi d'un
autre homme vêtu d'une peau de chevre noire, dont
ayant fait plainte, comme d'une fupercherie, Xanthius tourna la tête pour voir qui l'avoit accompagné, &
fur ce moment Melanéthe lui porta un coup d'épée dont
il le tua, & pour cela quelques-uns nomment cete fête
la folemnité des Tromperies (f) ; Or l'on eftima que
ce phantôme étoit Bacchus, & pour cela les Apaturies
furent inftituées en fon honneur : & c'eft où l'on avoit
accoûtumé d'immatriculer (g) dans les Regîtres publics
avec grandes ceremonies, les enfans naturels, comme
aux Thargelies les adoptifs.

Afcholia étoit encore une fête d'Athenes (h) à l'hon-

E 5

neur

(a) *Ath. Liv. 4.*

(b) μελαναιγὶς.

(c) *Procl. in Tim. co. 1.* τὰ Ἀπατούρια ἑορτή τις ἦν εἰς Διόνυσον, *ubi videre eſt originem feſti & explicationem Philoſophicam. Etym.* Ἀπατύρια ἑορτὴ ἐπιτελουμένη τῷ διονύσῳ *& alii complures.*

(d) Κυροτρόφῳ θύουσι.

(e) *In vit. Hom.*

(f) *Budæus ex Euſeb. Chron. fallaciarum ſolemnitatem* περὶ τὴν ἀπάτην ἀπατῶν. *Suid. Chariel. in caten.*

(g) *Etymol. Iſæus orat,* ὑπὲρ τῦ Ἀπολλοδὸς κλήρυ.

(h) *Thetzes in hef. Suid. Phurn. Schol. Ariſt. in Plut. Sefych. virg. Georg. 2.*

neur du même Dieu, en laquelle on fautoit d'un pied
fur des outres, frottées d'huile & pleines de vin : & quiconque y pouvoit demeurer ferme, en emportoit une
pour le prix de fon addreffe : mais s'il tomboit, il donnoit à rire à toute l'affemblée. Quelques-uns la (*a*) comp-
tent entre les fêtes du mois d'Antefterion, outre les
trois que vous avez alleguées. Mais perfonne bien entendu aux Antiquitez d'Athenes ne les a confondues
comme vous, avec les Choës, & fi vous euffiez bien
examiné ce que dit Meurfius de l'une & de l'autre de
ces fêtes, il ne vous eût pas arrivé d'en parler comme
vous avez fait. Voyez auffi Athenée quand il décrit les
Choës fort au long, s'il dit une feule parole des fauts
qui fe faifoient aux Afcholies.

A la fin du mois Munychion étoient les (*b*) Demetriades, fêtes de Bacchus, mais dans lefquelles on reprefentoit Demetrius fur le Theatre, comme s'il eût été
traîné par tout l'Univers, & qui pour cela porterent
fon nom.

Quant à celle qu'ils appelloient Theœnia, (*c*) elle é-
toit propre non feulement aux Atheniens, mais à tout
le païs d'Attique : & le mot de Theognia (*d*) qui fe voit
dans Demofthenes, & qui l'interprete après pour une
Fête, eft fans doute une faute de l'impreffion, comme a
bien obfervé un Savant (*e*) de nôtre fiecle, & il faut
lire Theœnia.

Mais il ne faut pas oublier que dans le même lieu,
Demofthenes parle de la fête Jobacchée, celebrée par
les mêmes Atheniens à l'honneur du même Dieu.

Nous en trouvons une autre nommée Phellos, par
où le Scholiafte d'Ariftophane (*f*) dit que les Atheniens
com-

<hr>

(a) *Hofpin.* 1. *c.* 10. *de Orig. Feft. Meurf. Grac. fer.* 1. *Athen.*
liv. 10. *c.* 12.
(b) *Plut. in Demet. Athen. lib.* 12.
(c) *Hefych. harpocr.*
(d) *Cont. Near.*
(e) *Meurf. Grac. fer. in Theog.*
(f) *In nubib.*

commençoient les Dionyfiaques, dont neanmoiens Suidas écrit qu'elle étoit feparée.

La fête des Rameaux, dite Ofcophoria, inftituée par Thefée à fon retour de Créte, étoit auffi en l'honneur de Bacchus & en memoire d'Ariane, ce qui fe connoît non feulement par les paroles expreffes de Plutarque (a) : mais auffi parce que deux des jeunes garçons qui la celebroient vêtus en femmes, portoient des branches de vignes chargées de raifins meurs ; & je ne puis être de l'advis d'un Savant (c) de nôtre temps, qui rend cette fête dependante de celle qu'ils nommoient Scira, fondé feulement fur ce que les jeunes garçons qui difputoient lors à la courfe, prenoient leur lice du Temple de Bacchus à celui de Minerve, furnommée Scirade, parce que cette fête des Rameaux étoit celebrée (d) lors de la maturité des raifins au mois Pyanepfion, c'eft-à-dire Octobre, auquel Thefée étoit retourné de la défaite du Minotaure ; & l'autre le douziéme jour du mois de Scyrrhophorion, d'où même il prit fon nom (e), & qui tombe dans les premiers jours de Juin ; auquel temps les raifins ne peuvent être meurs : Outre qu'il n'eft pas bien conftant que cette fête Scyra fût de Minerve Scirade, car il y a des Autheurs (f) qui l'attribuent à Ceres & à Proferpine.

On trouve auffi chez les Atheniens un Temple de Bacchus, furnommé le droit DD. & un autre fous le nom de Libre ou Liberateur (g), & felon l'opinion des Savans des (h) Fêtes de ce même tître, comme il y en avoit une à Jupiter (i) Liberateur chez les Plateens

(a) Διονύσω καὶ Ἀριάδνῃ χαριζόμενοι. In Thef.
(b) Procl. in Chrefto.
(c) Meurf. Græc. fer.
(d) Plut. in Thef.
(e) Strab. l. 9. fcol. Arift. concion. Σκυροφοριῶνος τῇ δωδεκάτῃ.
(f) Scol. Arift. concion. Steph. in Σκυρος ἄλλοι δὲ Δήμητρι καὶ κόρη.
(g) Βάκχῳ ἐλευτερίῳ. Pauf. Attic. DD. Athen. l. 4. c. 24.
(h) Hofpin. Append. de Fest. Orig.
(i) Plut. Problem.

tecens (*a*) , & une autre chez les Samiens à l'Amour
(*b*) , fous le même titre.

Celles qu'ils nommoient Aloa, font attribuées par
plufieurs à Bacchus, par quelques-uns à Ceres, & par
les autres à tous les deux enfemble ; & Meurfius (*c*) a
bien corrigé l'Etymologique qui l'attribuë à Minerve.

Les Periphallies (*d*) ou Phallagogies, furent des ceremonies d'Athenes myfterieufes & mal honnêtes, que
quelques-uns (*e*) ont mifes entre les petites Bacchanales , & que d'autres (*f*) veulent avoir été une Proceffion des grandes.

La Rhapfodie (*g*) ou la fête des Chantres tomboit
dans les Bacchanales , & vraifemblablement étoit d'A-
thenes, mais elle n'a pas toûjours duré.

Les Canopharies que Demarchus (*b*) donne à Bacchus chez les Atheniens, où les jeunes filles portoient
dans des paniers d'or, les premices de toutes fortes de
fruits, font par d'autres attribuées à Diane, (*i*) affeu-
rant que les jeunes filles faifoient cette offrande quand
elles étoient fur le point de fe marier pour en faire une
excufe à cette Déeffe de chafteté.

D'autres encore en font une partie des grandes fêtes
de Minerve (*k*) : Il fe peut faire neantmoins que telle
ceremonie fe foit obfervée aux fêtes de toutes ces trois
Divinitez ; vû même que les paroles de Demarchus
font bien expreffes pour montrer qu'elle appartenoit à
Bacchus.

J'y

(a) *Strab. l. 9. Paufan. Bœot.*
(b) *Ath l. 13.*
(c) *Græc. fer. Alciphron. etym.* Ἀλῶα ἑόςτη Ἀθηνᾶς. *Hefych.*
Ἀλῶα ἑόςτη Ἀθηνῶν.
(d) *Hefy. Phur.*
(e) *Hofpin. de Orig. Feft. l. 2. c. 11.*
(f) *Meurf. Græc. fer.*
(g) *Athen. l. 7.*
(h) *In carmin. Dionyf.* κατὰ τὴν τῶν Διυσίων ἑοςτὴν ἐχανηφόρυν.
(i) *Schol. Theocr. Idyll. 2.*
(k) *Hefych. harcopr. Demofth.*

J'y pourrois ajoûter les fêtes de Bacchus Champêtres, dites Agrionia (*a*), & celles qu'ils nommoient Cholas (*b*), que les Auteurs attribuent à tous les peuples de la Grece.

Les Omophagies (*c*) aufquelles ils mangeoient les entrailles des Boucs & faifoient les enragez, étant environnez de ferpens.

Ambrofia celebrée au mois Leneon en l'honneur du même Dieu felon Proclus (*d*) Tzetzes, Mofchopule & autres.

Celle que l'on nommoit Thalyfia, en l'honneur de Bacchus & de Ceres, & principalement de Bacchus felon Menander. (*e*)

Neænia celebrées (*f*) au temps des vins nouveaux, femblable à celle que les Latins celebroient à la fin de Septembre (*g*) ou au commencement d'Octobre, dite Meditrinalia. (*h*)

Car pour celle qu'ils nommoient Protrygée (*i*), celebrée un peu devant les vendanges, elle fut commune à Bacchus & à Neptune, bien que le nom foit (*k*) particulier à Bacchus : & Achilles Tatius (*l*) la fait propre aux Tyriens, encore que ce furnom foit Grec, & qu'elle foit vraifemblablement venuë d'Athenes.

Mais fans davantage examiner les Auteurs fur ces nobles ruines de l'antiquité, vous voiez bien, ce me femble, que les Atheniens celebroient à l'honneur de Bacchus, beaucoup plus de fêtes que vous n'avez penfé, & je m'affeure que dorefnavant vous n'avancerez pas fi

har-

(*a*) *Plut. quæf. Rom. fed locus emendandus ex Meurfio.*
(*b*) *Heffch.*
(*c*) *Arnob. l. 5. Idem Protrep.*
(*d*) *In Hefiod. 2. ἔργα καὶ ἡμέρ.*
(*e*) *Menand. Rhetor. περὶ λαλίας.*
(*f*) *Heffch. long. l. 2.*
(*g*) *Vet. Cal. Hofp. Alex.*
(*h*) *Feftus.*
(*i*) *Heffch.*
(*k*) *Ælian. c. 3. l. 41.*
(*l*) *Lib. 2.*

hardiment des propofitions, dont l'erreur fe peut connoitre par la fimple lecture des bons livres, ou du moins
que vous les lirez avant que de parler ainfi. Quelque
foin pourtant que j'aie pris dans cette recherche, je ferai plus retenu que vous, & je ne voudrois pas affeurer de les avoir toutes rencontrées, ni même, que toutes celles-là fuffent abfolument en l'honneur de ce faux
Dieu, tant il eft difficile de connoitre au vrai ce qui concerne la Religion des Payens, parce que bien fouvent
tous leurs Dieux fe reduifent en un, par les hauts raifonnemens de leurs Philofophes & fouvent au contraire
chacun d'eux fe divife & fe multiplie par les ridicules
fuperftitions du peuple.

C H A-

CHAPITRE XI.

Des petits & des grands Mysteres de Ceres, & des petites & des grandes Bacchanales.

PAROLES DE Mʀ. MENAGE.

Voilà toutes les fêtes de Bacchus, celebrées par les Atheniens, dont je ne vous eusse pas fait ici une si ample description, si je n'eusse veu que vous les avez confonduës avec celle de Ceres Eleusine; car ce sont celles-là que les Anciens ont appellées par excellence les grands & les petits Mysteres, que vous prenez neantmoins pour les grandes & petites Bacchanales. Cette erreur vous est commune avec beaucoup de savans personnages, & même avec le grand Scaliger.

Replique de Monsieur l'Abbé d'Aubignac.

SI vous vous étiez contenté de suivre une opinion contraire à celle de ces grands Personnages, il n'y auroit pas lieu de vous reprendre, & je me contenterois de vous dire, que je tiens pour eux. L'estime qu'ils ont acquise dans la Republique des Lettres, & les ouvrages illustres, dont ils ont enrichi la posterité, rendroient mon parti aussi considerable que le votre; les sentimens sont libres, sinon dans les questions que l'on ne peut defendre, sans blesser l'interêt de la Religion que l'on professe, ou les maximes de l'Etat où l'on est resolu de passer sa vie; par tout ailleurs il n'y a ni peril ni honte de resister à la croiance d'autrui; & pour être seul de son a-

vis,

vis, on ne court point fortune d'être traité d'hereti-
que, ou de rebelle : & c'est en effet comme vous
en deviez user ; mais de condamner Scaliger & d'i-
gnorance & d'erreur avec tant d'asseurance, je ne sai par
quel droit ni par quelle raison vous l'avez entrepris. Je
vous estime infiniment, & je croi que vous avez beaucoup lû ; mais vous ne faites que d'arriver dans l'empire des lettres ; vous n'y êtes pas encore établi, au lieu
que Scaliger y porte dès long-temps avec l'aveu public
le titre de Grand. Son merite est approuvé, sa doctrine admirée, sa reputation soutenue de plusieurs années, & son credit le rend en plusieurs nobles contes-
tations Chef de parti. Souffrez donc que j'appelle de
votre jugement à la gloire de son nom, & que par la
même autorité que vous avez prise de me condamner
avec lui, je prononce contre vous-même, que c'est u-
surper une puissance qui ne vous est pas dûë. Et puis
je trouve que tous les fameux Savans, bien loin de le
traiter comme vous faites, n'en parlent jamais qu'avec
grand Eloge ; mais de vous je n'ai rien encore trouvé,
parce que vous leur êtes inconnu : ainsi puis qu'ils ne
vous connoissent point, vous trouverez bon que je ne
prefere pas aux sentimens de Scaliger, ceux d'une personne dont le nom n'est pas assez splendide pour être reveré, ni la puissance assez bien établie pour me proteger. Je sai bien que l'opinion que vous avez mise en
avant, qui n'est pas la votre, n'a peut-être pas moins
d'illustres partisans que la mienne ; aussi ne la veux-je
pas condamner d'erreur. Je puis, sans me démentir,
leur laisser la liberté que je me suis donnée ; & sans leur
faire injure, soutenir que l'opinion de ces grands personnages que j'ai suivie, n'est pas moins raisonnable que
l'autre.

Premierement il faut demeurer d'accord qu'il n'y
a rien de plus difficile aux Savans que de reconnoître
au vrai les anciennes ceremonies des nations, soit en
la Religion, soit aux Magistratures, soit dans les choses qui regardent les particuliers. Il en arrive tout

autre

autrement que des autres sciences, dont le temps est
le pere, & qui peu à peu sortent des tenebres de leur
naissance par les observations que l'on fait de jour en
jour sur leurs principes. L'Astronomie n'est devenuë
belle qu'en vieillissant; la Physique s'est illuminée par
une longue suite d'experiences, & les Arts s'enrichis-
sent par les efforts que les derniers font pour donner la
perfection aux choses que d'autres ont commencées :
mais toutes les coûtumes de l'antiquité changent peu à
peu dans le cours des années, & ce changement en
cause toûjours à la fin la ruine totale; elles ne viennent
point jusqu'à nous avec la pureté de leur institution,
& nos yeux sont trop foibles pour les découvrir jusque
dans leur berceau. Les siecles écoulez entre le temps
de leur origine & le nôtre, ont fait un grand chaos
que l'on ne sauroit traverser, une nuit obscure dans laquelle nous n'avons point de flambeau qui nous puisse
conduire. Ainsi après cent ans nous ne reconnoissons
plus quelles ont été les loix de nos Peres, leur habille-
ment, ni leur langage. Nous voions dans Athenée les
doctes disputer entr'eux des jeux de leurs ancêtres, des
étoffes qu'ils portoient, du nombre & de la forme de
leurs repas, & de cent choses pareilles qu'ils ne savoient
plus : & nous ne pouvons reconnoitre bien clairement
quelle fut autrefois la Royauté des Ribaux, l'Oriflam-
be, les Chevaliers Bannerets, & mille autres semblables coûtumes des premiers Gaulois.

Les Romans soit en Prose ou en Vers, ont contri-
bué beaucoup à nous rendre ignorans en cette matiere;
car ayant d'ordinaire écrit des choses fort éloignées de
leur temps, & des histoires arrivées dans le siecle des
Fables, ils en ont supposé toutes les ceremonies selon
la necessité de leur sujet, & la force de leur imagination, parce qu'ils ne les savoient pas ; ou s'ils en a-
voient quelque reste, ils les ont deguisées, en les ac-
commodant aux mœurs de leur siecle, afin de rendre
leurs écrits merveilleux par quelque belle image des
choses anciennes, & vraisemblables par quelque rap-

<table>
<tr><td>Tome III.</td><td>F</td><td>port</td></tr>
</table>

port à celles que l'on obſervoit de leur temps : ou bien
ils ont tranſporté ces coûtumes d'un païs dans un autre, d'une ſuperſtition populaire ils en font une Religion toute ſainte, & d'une bagatelle qui ne leur ſembloit pas desagreable , une merveille importante. Ainſi trompent-ils leur poſterité par l'adreſſe de leur eſprit,
& jettent par tout la confuſion & l'ignorance.

Davantage nous voions que des Poëtes autant éloignez les uns des autres que les avantures dont ils parlent , donnent les mémes coûtumes à des Nations bien
differentes ; les derniers marchants ſur les pas de ceux
qui les ont devancez : & d'autres au contraire qui ſe-
ront contemporains , ſuivants la diverſité de leur genie ,
en emploiront de bien differentes pour un même peuple ; & même ſouvent les uns appliquent à la Politique
celles que d'autres auront données à la Religion : ou
bien celles qui concernoient le gouvernement de l'E-
tat , deviennent des myſteres. Enfin pour mettre tout
en œuvre , ils mettent tout en deſordre ; & ſi l'on admire celui qui trouva le moien de ſavoir combien &
quel metal imparfait l'Orphevre avoit mêlé à l'or de
cette Couronne fameuſe d'un Prince de Syracuſe , il
faudroit certes eſtimer divin l'eſprit qui pourroit decouvrir ce que les ingenieuſes penſées des Poëtes ont ajoûté à la verité des choſes anciennes , & juſqu'à quel
point on les doit croire.

Que ſi nous avions les Livres des Eumolpides de
Grece , & des Augures de Rome , avec l'intelligence du
langage qui leur étoit particulier , on auroit certes
de quoi convaincre les opiniâtres , & juger ſouvent en
dernier reſſort les differentes opinions des Savans ſur le
fait de ces vieilles Religions : mais nous n'avons pas
ſeulement un ſeul de ces anciens Auteurs, qui s'étoient
donné la peine d'en écrire amplement pour en inſtruire
leur poſterité. Les Sacrifices de Sozibius ne ſont pas
venus juſqu'à nous , ni les ceremonies de Neanthes ,
ni les myſteres de Melanctius , de Menandre , d'Hyce-
ſius , ni de tous les autres qui nous avoient donné des
lu-

lumieres certaines pour lire la verité jusque dans les siecles passez.   De sorte que nous n'en pouvons rien apprendre que par le recueil de quelques pieces répandues
çà & là , & de quelques paroles jettées à la traverse
dans les Auteurs qui nous restent, selon qu'ils en avoient
besoin pour expliquer ce qu'ils traitoient, & non pas
ce que nous cherchons.   Et comme il est bien difficile de ramasser tout ce qu'ils en disent, ces grandes
matieres étant comme un champ spacieux (*a*) où l'on
peut bien trouver quelque chose plus qu'un autre ; mais
où personne ne pourra jamais tout rencontrer , il
peut arriver souvent qu'une parole échapée par negligence ou mal entendue par vingt personnes, étant bien
examinée par un autre , servira de lumiere à vingt
passages que l'on croyoit inexplicables, ou leur donnera un sens tout contraire à celui qu'on avoit pensé
le meilleur.   Pour moi je compare ces doctes Compilateurs à des gens qui fouilleroient sous le debris d'un
grand Palais dès long-temps ruiné , pour trouver les
pieces de quelque precieux vase rompu ; car comme
pour les chercher, il faut remuer de grands monceaux
de terre & de marbre , emploier bien du temps, &
souffrir beaucoup de peine ; & après tout il est presque impossible qu'il n'y en ait quelqu'une de perdue
ou reduite en poudre ; & quand on les auroit toutes
trouvées, on n'auroit toûjours qu'un vase rompu, dont
les pieces ne pourroient jamais se rejoindre.   De même les Sçavans qui font les recueils concernants l'Antiquité , remuent beaucoup de Livres , consomment
bien des nuits, & consultent les reliques de plusieurs
Nations, pour amasser des fragmens, dont jamais on
ne peut composer un ouvrage parfait, ni donner une
connoissance bien asseurée de ce qu'ils pensent avoir
decouvert.

Mais s'il faut tirer de ce chaos quelque ordre de ceremonies touchant la Religion des Payens ,
F 2
les

(a) *In que alius alio plura invenire potest , nemo omnia. Auson.*

les plus grands travaux y font prefque inutiles, &
(*a*) la plus profonde lecture en donne toûjours peu de
fatisfaction. Car comme toutes ces chofes étoient myfterieufes, elles ont prefque toûjours été cachées, elles
n'étoient ordinairement pratiquées que dans les tenebres, & la qualité la plus neceffaire à ceux que l'on y
recevoit, (*b*) étoit le filence : c'étoit un crime que d'en
parler, un facrilege de les divulguer, & une impieté
digne de la foudre de les communiquer aux profanes;
ainfi nommoit-on tous ceux qui n'étoient point admis
en quelque Confrairie. Et quand il s'eft trouvé quelqu'un affez hardi pour en decouvrir quelque chofe, ce
n'a jamais été qu'en paroles obfcures, & fujettes à diverfes interpretations : le veritable fens en eft demeuré
dans l'efprit de celui qui les a dites, & le fecret à la devotion des Confreres qui en avoient l'intelligence. Ce
que je pourrois juftifier par les témoignages des plus
fameux Auteurs. Mais pour vous faire voir combien
nos penfées peqvent être éloignées du veritable fentiment des Payens au fait de leur Religion, & combien
nous courons fortune de nous tromper au jugement
que nous faifons des differentes manieres dont ils hono-
roient leurs faux-Dieux. Qu'il vous fouvienne qu'autrefois les (*c*) Chrétiens parloient des myfteres de l'E-
vangile fi fobrement, & avec tant d'obfcurité, que les
infidelles les accufoient d'égorger un homme dans leurs
affemblées, d'en boire le fang, & d'en manger la chair,
& de faire des chofes fauffes & ridicules. Vous pouvez
juger par là, que nous pouvons auffi aifément nous abufer dans leurs myfteres, comme ils s'abufoient dans les
nôtres.

La difficulté de les connoître eft encore plus grande,
pour ce qui concerne le culte de Bacchus & de Ceres,
parce qu'ils avoient caché la production, les qualitez &
l'u-

<hr>

(a) *Ovid. de Arte. L.* 2.
(b) *Tertullian.*
(c) *Norunt fideles &c. Aug. & alii. Tertul. Minut. &c.*

l'ufage du pain & du vin fous des allegories inventées
par les plus fubtils Philofophes, & d'autant plus venerables que la plûpart des Confreres ne les pouvoient expliquer : Il n'y a jamais eu de fuperftition Payenne
dont il fût moins loifible de parler. (a) Tertulien dit
qu'ils y gardoient le filence, parce que tout en étoit
honteux à dire.   Et s'agiffant un jour à Rome du privilege de ces Prêtres touchant leurs fecretes ceremonies, (b) Augufte renvoia tout le Confeil, & demeura
feul pour ouïr & juger leur different, parce qu'il a-
voit été reçû dans la confrairie : Auffi fit-on perdre
la vie à deux jeunes-hommes, qui par mégarde (c) en-
trerent dans le Temple de Ceres au temps de fes myfteres, dans la Confrairie defquels ils n'étoient point
initiez, afin qu'ils n'en parlaffent jamais; & Juftin dit
qu'ils n'ont rien eu de plus remarquable que le filence.
Voiez (d) Meurfius au Chapitre XX. où il cite à ce
propos les textes de cent Auteurs.

Ce refpectueux filence des Payens touchant ces fe-
crets de Religion, nous a toûjours ôté les moiens de
reconnoître la verité de ce qui fe paffoit dans ces affemblées, qu'ils eftimoient Saintes, & que l'Evangile
a juftement condamnées d'erreur & de facrilege. Mais
il y a bien plus; car le pain & le vin étant les deux
foûtiens de la vie humaine, & dont l'ufage eft prefque
toûjours conjoint, il y a eu beaucoup de reffemblance
entre les myfteres de Bacchus & ceux de Ceres; &
leurs fêtes auffi bien que leurs facrifices n'ont prefque
jamais été feparez. (e) Dans les Apaturies qui étoient des
fêtes de Bacchus, les femmes faifoient en plein carrefour des facrifices à Ceres, furnommée Courotrophe,
aufquels il n'étoit pas permis aux hommes d'affifter.

F 3

Ler-

(a) Tertul. ad Valent.
(b) Sueton. in Auguft. 1.
(c) Livius, lib. 32.
(d) Meurf. Eleuf. cap. 20.
(e) Herod. in vit. Hom. Heffch. Paufan.

(*a*) Lernæa étoient en l'honneur de Ceres, selon Pausanias, & tout ensemble de Bacchus & de Proserpine, (*b*) selon une vieille inscription qui le porte en termes exprés.

Thalisia celebrées après la recolte des fruits de la terre, n'étoient pas moins à (*c*) Bacchus qu'à Ceres, & Virgile les a conjoints en son invocation dans ses Georgiques, comme ils l'étoient en leur puissance.

Et quand (*d*) Demetrius eut donné le nom de Demetries aux Dionysiaques, ce fut un grand sujet de confusion entre ces fêtes de Bacchus & celles de Ceres, qui étoient ainsi nommées. Les mysteres d'Eleusis même leur étoient communs.

(*e*) Suidas écrit que les paniers portez par les femmes le 4. jour de la Fête, étoient sacrez à Bacchus, & aux deux Déesses Eleusiniennes.

Une vieille inscription en appelle les femmes consacrées à Bacchus, à Ceres, & à Proserpine; & (*f*) Arthemidore après plusieurs autres nomme Bacchus president aux mysteres d'Eleusis avec Ceres & Proserpine. D'où vient aussi que Tertullien attribua à Ceres un secret de leur Religion, que la pudeur ne me permet pas de divulguer, & que (*g*) d'autres veulent être des mysteres de Bacchus; Et (*h*) Aristophane parlant des danses & des ceremonies des Thesmophories, en appelle Bacchus le Chef, le Conducteur & le Maître. Or cette communauté de Fêtes & de Sacrifices entre ces deux fausses Divinitez, ajoû-

<hr>

(a) *In Corinth.*
(b) *Vet. Inf. Sacrata apud Lernam Deo Libero & Cereri & Cora.*
(c) τῇ Δήμητρι καὶ τῷ Διονύσῳ. *Men. Rhet.*
(d) *Plut. in Demet. Pollux, l.* 1. *c.* 1.
(e) ἱερεὺς τὰς νίκας τῷ Διονύσῳ, καὶ ταῖν θεαῖν. *& Suid. Sacrata apud Eleusynam Deo Baccho Cereri & Cora. Vet. inf.*
(f) *Arthem. l.* 2. *c.* 4. *Adverf. Valent. c.* 1.
(g) *Theodoret. l.* 3.
(h) *In Thesmoph.*

joûtant la confusion à l'ignorance, a presque en toute rencontre partagé les Interpretes de l'antiquité :
les uns croyant que certaines choses qui se lisent dans
les Auteurs, se doivent entendre de Bacchus, & les
autres de Ceres ; & dans cette diversité d'opinions,
ils changent & corrigent presque tous les passages
qu'ils trouvent pour les rendre plus favorables à leur
parti, ou moins avantageux à celui qu'ils veulent com-
battre.

(*a*) Les uns condamnent ceux qui font les ceremonies de l'Initiation des grands & des petits mysteres de Ceres, à Eleusis, quoi qu'il y ait beaucoup d'autres Anciens qui l'écrivent, & les autres rejettent
tous ceux qui mettent celle des petits à Agra : & cette dispute n'est pas seulement terminée pour Hercule, en faveur duquel ils furent instituez.

(*b*) Quelques-uns disent que les Grands se celebroient tous les ans, & d'autres de cinq en cinq ans.
Qu'il n'y avoit que deux Initiations, & d'autres
qu'il y en avoit trois.

Le Pere Petau remet εἰκὰς dans le Scholiaste d'Aristophane, au lieu de ἰγηὰς, & ἐξάγυσι au lieu de
ἐξάδυσι.

Scaliger dans Plutarque, Metagitnion pour Boedromion, & le P. Petau au contraire.

Dans Tertullien *epoptas* au lieu de *& portas*, & *epop-
tarum* au lieu de *& portarum*, ce que Casaubon appelle une divine conjecture, & dont quelques autres ne
demeurent pas d'accord ; Le P. Petau dans Tite-Live, l'An 554. pour 544.

Casaubon dans Plutarque en la vie de Demetrius
μικρῶν pour μεγάλων, & le P. Petau au contraire ; &
τὰ πρὸς ἀγγείαν au lieu de τὰ πρὸς ἀγραν : ce que le P.
Petau condamne, & remet τὰ πρὸν ἀγραν. Meursius cor-
F 4
rige

(*a*) *Voy. Meurs. Eleus. & Petavius in Thesis.*
(*b*) *Scal. de Emendat. Pet. in Thesis.*

rige dans Plutarque καθ' ὁδὸν ἱερῶν , & veut qu'il y ait
ἱερῶν : dans Philostrate il change δεῦρο μυεῖν en δεύτερα
μυεῖν. Dans Stobée , ὰν δεῖ en ἄνδρα , dans Clement
Alexandrin ἐπὶ σύζρα en ἐπὶ Ἄρρα , dans la vie de Phocion chez Plutarque καθαρῷ en καθαρῷ , & l'ordre de
plusieurs termes dans celle de Demetrius ; enfin on n'y
trouve que des contradictions continuelles, & des confusions presque inconcevables. Ce ne sont pas là pourtant les seules considerations , dont il est facile de
defendre l'opinion de (a) Scaliger , d'Hospinian , & de
ces autres grands personnages que j'ai suivis. Ces
illustres Savans nous ont enseigné qu'entre les Fêtes
de Bacchus chez les Atheniens on en celebroit deux
principales , l'une nommée les grands mysteres au
mois Boedromion , & l'autre les petits mysteres au
mois Anthesterion , & ils fondent cette proposition
sur les paroles de Plutarque en la vie de Demetrius.
Vous soûtenez au contraire que tout cela n'est point
veritable , & qu'ils ont pris les fêtes de Ceres pour
celles de Bacchus ; & vous n'en alleguez point d'autre témoignage ancien , que ces mêmes paroles de
Plutarque en la même vie de Demetrius. De sorte
qu'il faut seulement examiner si Plutarque en cet endroit a parlé des fêtes de Ceres , ou de celles de Bacchus.

La premiere chose qui vous a trompé sans doute
est le mot de mystere , & vous avez crû qu'il étoit
tellement particulier à Ceres , qu'on ne le pouvoit
donner à pas une autre divinité Payenne : en quoi
certes vous vous êtes bien abusé ; car il est commun
aussi bien que celui d'Orgies , que vous avez attribué
seulement à Bacchus. Je commence par le dernier ,
& pour vous montrer qu'il est indifferent à toute
sorte de fureurs divines , Diogenian appelle faire Orgies , que de celebrer les fêtes d'Adonis. Pausanias ,
Himetius , & Herodote donnent ce nom aux Kabiries ,

(a) *Scal. de Emendat. l. 1. Hospin. de Fest. l. 2, c. 21. & alibi.*

ries, ou ceremonies des Coribantes, Plutarque aux ſecrets de l'Amour, aux Karnies d'Apollon, & aux Plyatyries de Minerve, Athenée aux Olympies d'Elide, Denis d'Halicarnaſſe aux fêtes de la Bonne-mere, & Ariſtophane aux fureurs des Muſes.

Ce mot même convient à Ceres de la même ſorte qu'à Bacchus, & avec autant d'energie. Homere chez Pauſanias, (*a*) Ovide & Catulle donnent à ſes myſteres le nom d'Orgies; Theodoret l'applique indifferemment aux fêtes de Bacchus & de Ceres.

(*b*) Ariſtophane appelle Ceres la Reine des Orgies par deux fois, & touš les myſteres des Déeſſes Eleuſiniennes, (*c*) Orgies venerables & Saints.

Quant à l'autre mot de myſtere, il eſt ſans doute general, pour expliquer toutes les ſecrettes ceremonies de religion : mais pour ne me pas engager dans une preuve trop longue, & peu neceſſaire, je me contenterai de montrer ici que les Grecs l'attribuoient indifferemment à pluſieurs de leurs ſuperſtitions. Athenagoras appelle myſteres Teletes ou perfections, les Agraulies : & Plutarque les ſecrets de l'Amour. L'Etymologique donne le même nom aux Arrhephories de Minerve, Ariſtenet & Clement Alexandrin s'en ſervent pour les initiez aux fêtes de Venus, & Arnobe après eux les nomme inices ſecrets & inconnus; & Ovide myſteres; Heſychius & Suidas l'attribuent aux Centriades & Buphonies ; une vieille inſcription nomme Myſtes tous les Confreres des Theſmophories, Diodore & Varron appellent myſteres, & Teletes les fêtes des Cabeires de Lemnos ; & Euſtatius celles des Corybantes, qui ſont les mêmes, & qu'Athenagoras égale à celles d'Eleuſis; Macrobe, Diodore, Ariſtophane & ſon Scholiaſte, Heſychius, S. Chryſoſtome, Arnobe, & une infinité d'autres ne

F 5

les

(*a*) *Feſta pia Cereris celebrabant Orgia matres.* **Met. 10.**
(*b*) ὀργίων ἄνασσα. *In ran.*
(*c*) ὄργια σεμνά θεαῖν. *In Theſm.*

les nomment point autrement que mysteres. Phur-
nute le dit des Mysies d'Argos, Athenagoras des Pan-
drosies d'Athenes, Theodoret & Theophylacte des
Priapées, Himerius & le Scholiaste de Theocrite des
Proteliés, ou fêtes des Dieu du mariage, Aristophane
des fêtes de Mercure, de Jupiter, & d'Adonis, Clement Alexandrin de celles de Jupiter Sabazien, Euripide de celle d'Apollon, & même dans Rome, au rapport de (a) Ciceron, ils avoient des fêtes & des secrets de Religion, qu'ils nommoient simplement mysteres, & qui n'avoient rien de commun avec ceux
d'Eleusis : Et pour achever ce discours, il suffit de
voir Julius Pollux, qui met en toutes sortes de fêtes, ces mots de mysteres & Orgies, mystes & Or-
giastes pour indifferens.

Ce seroit peu neantmoins, si je n'ajoûtois non
seulement que ce mot convient à Bacchus; mais qu'il
lui est particulier, & plus propre qu'à nulle autre
Divinité. (b) Cœlius Rhodiginus en sera le premier témoin, quand il conte quatre sortes de fureurs Divines,
la Poësie qui vient des Muses, la divination d'Apollon, l'Amour de Venus, & les mysteres de Religion,
dont Bacchus, dit-il, est l'Auteur & l'esprit mouvant :
Après lui viendra (c) Tertullien, qui semble mettre
entre les fêtes de la bonne chere l'honneur de Bacchus; les Apaturies, les Dionysiaques, & les Mysteres
d'Athenes; puis Orphée & Hesychius, qui parlant de
la fureur des ministres de ce faux-Dieu, les appellent
Mystes, & où Hesychius dit Teletes de Bacchus,
Boulenger traduit mysteres : Et pour savoir combien
les fêtes de Bacchus étoient mysterieuses, il ne faut
que voir Tite-Live, au 39. livre de son histoire.
D'où vient que la plûpart des Auteurs qui se veulent
clairement faire entendre, quand ils parlent des mysteres

(a) *Epist. ad. Att. l. 6. l. 15 24. Eurip. in Elect.* μυσηριον
εν Δεϋ.
(b) *Lib. 7. c. 1. Ant. Lect.*
(c) *Apol. c. 39.*

res de Ceres & de Proserpine, ajoûtent toûjours quelque parole pour ôter tout sujet d'en douter. Melanthius avoit intitulé les Livres qu'il en avoit faits des mysteres d'Eleusis, Justin & Libanius y mettent le nom de Ceres, Arnobe, Diodore & Athenée l'un & l'autre : Ciceron & Evagrius les expliquent, en disant que ce sont mysteres de nuit, & Alciphron les appelle les mysteres des Déesses.

De tout ce discours il resulte certainement que Plutarque n'ayant point nommé Ceres, ni temoigné par aucune autre circonstance necessaire qu'il entendoit parler de ses Fêtes, non seulement on pouvoit, mais on devoit l'entendre des mysteres de Bacchus. Et pour l'expliquer par lui-même, il nous enseigne en plusieurs endroits que les Atheniens celebroient au mois de Boedromion une grande fête en l'honneur de (a) Bacchus mysterieux (ce sont ses paroles) & qu'elle finissoit par une procession fort pompeuse d'Athenes à Eleusis, où ils le portoient avec dances, chants de musique & devotes acclamations : d'où paroît clairement qu'il y avoit de très-grands mysteres de Bacchus, qui se faisoient dans Athenes au même mois que les grands mysteres de Ceres se faisoient dans Eleusis.

Et je n'estime pas qu'on puisse dire selon la pensée de quelques-uns, que cette procession faisoit partie des grands mysteres de Ceres & de Proserpine, & que ce n'étoit qu'une solemnité d'un jour à l'honneur de Bacchus, en consideration de l'assistance qu'il rendit autrefois à Ceres selon la Fable, lors qu'elle cherchoit sa fille ; car cela n'est pas vraisemblable pour plusieurs raisons.

Premierement, le Bacchus reveré dans cette Fête, étoit un Bacchus de mystere, c'est-à-dire, une divinité trouvée par les subtilitez, & les allegories des Theologiens du Paganisme, & non pas cet Heros de même nom, à qui les Grecs ont crû devoir l'invention du vin :

(a) Ἴακχον μυστικόν. In Phoc. in Alcibiad. &c.

vin : car ce (*a*) Bacchus Heros fut lui-même autrefois durant sa vie après Hercule, & dans les Enfers après sa mort, receu dans la Confrairie des mysteres d'E-leusis, qui furent instituez plusieurs siecles auparavant sa naissance, & qui n'ont en rien changé depuis ce temps. Aussi trouvons-nous que ce Bacchus mystique étoit couronné de Myrthe en cette procession, & non pas de Lierre, étant lors consideré comme un sacré fruit de l'Amour de Jupiter, & non comme l'Auteur du vin. En quoi (*b*) Claudian s'est montré peu savant aux ceremonies d'Athenes, de lui avoir donné en cette pompe une couronne de Lierre : Vous pouvez voir les preuves de tout cela dans (*c*) Meursius, & vous n'en douterez pas, s'il vous souvient que ce Bacchus est surnommé mystique, qu'il étoit reputé (*d*) fils de Proserpine & de Jupiter, & petit-fils de Ceres, & qu'il étoit lors honoré comme un petit enfant dans le berceau. Ce que (*e*) Plutarque nous enseigne, écrivant qu'au temps de ces mysteres, les langes & les bandes dont on lioit le berceau mystique de ce Bacchus, parurent tous jaunâtres & de la couleur d'un mort, prodige épouvantable, & qui fut le presage de la perte de la liberté des Atheniens, sous les Rois de Macedoine ; car il seroit bien ridicule de soûtenir que le fils de Proserpine lors de l'enlevement de sa mere, eût été déja si grand, qu'il eût pû courir le monde avec Ceres son ayeule pour chercher sa mere. Outre que ce Bacchus mystique étant reputé fils de Jupiter, & non pas de Pluton, étoit né long-temps depuis cet enlevement & la recherche de Ceres, parce que selon la créance des Payens, (*f*) Proserpine étoit vierge, lors qu'elle fut enlevée par Pluton.

Que

(a) *Plat. in Axioch.*
(b) *De Rapt. Pros. l. 1.*
(c) *Eleus. c. 19. 27. &c. Plat. in Axioch. Aristop. in Ran. & alii.*
(d) *ἐκ Διὸς καὶ περσεφόνης. Dioder. lib. 3. τὸν. Διὸς & κόρης. Arian. de Exp. Alex. l. 2.*
(e) *In Phocion.*
(f) *Ovid. Metam. Claud. de Rapt. Pros.*

Que si cette procession eût fait partie des mysteres d'Eleusis, elle eût été celebrée dans cette ville, & non dans Athenes; car les Eleusiniens se soûmettant à la Republique d'Athenes, se reserverent par un privilege, auquel on n'a jamais contrevenu, ces mysteres de Ceres & de Proserpine, avec clause qu'ils ne seroient jamais celebrez ailleurs que dans leur ville. Le texte de (a) Pausanias y est formel ; veu même qu'il y avoit dans Eleusis un Temple de Bacchus, d'où l'on eût pû porter son Idole en pompe dans celui de Ceres, & la rapporter dans le sien pour y être gardée. Aussi puis-je dire encore que cela étoit impossible, parce qu'auparavant la conquête de cette ville par les Atheniens, il n'y eût pas eu moien de le pratiquer, & ces mysteres fussent toûjours demeurez imparfaits, ce qui n'est pas à croire d'un secret de Religion, qu'ils estimoient le plus saint & le plus accompli; & la raison est, que ces Republiques d'Athenes & d'Eleusis, étant toutes deux souveraines, en assez mauvaise intelligence, & differentes en loix, en gouvernement, en mœurs, & sur tout en Religion, elles ne se fussent jamais accordées pour cette solemnité; & les Eleusiniens n'eussent jamais permis que les Atheniens fussent venus en leur ville au nombre de plusieurs mille hommes, comme étoit ordinairement cette procession, & dont la moindre partie étoit capable de s'en emparer, & de leur ravir la liberté, la puissance, & ce qu'ils avoient plus de soin de conserver, leur Religion.

Et ce qui leve toute difficulté sur ce sujet, est ce qu'écrit (b) Hospinian, fondé sur plusieurs passages de Plutarque. Que les grands mysteres de Bacchus, celebrez au mois de Boedromion duroient cinq jours, commençant au seiziéme, & finissant au vingtiéme par cette pompeuse & magnifique procession : & les grands mysteres de Ceres & de Proserpine celebrez au même mois,

mois,

(a) *In Attic. Plut. in Arist.*
(b) *Hospin. lib. 2. cap. 21. de Origin. Fest.*

mois, en contenoient 39. selon (*a*) Polyænus, le nombre en est incertain selon le (*b*) P. Petau, qui confesse ne l'avoir pas bien encore découvert, & (*c*) Meursius en conte neuf ; mais avec tant d'incertitude qu'il n'en veut pas asseurer, & demande pardon, s'il ne peut avoir que des conjectures en une chose si peu connuë. Examinez bien ces raisons, & je m'assure que vous y trouverez au moins quelque sujet de douter, si Bacchus n'occupoit qu'un jour du mois de Boedromion : outre que vous avez tort de m'imputer que j'avois dit que les grands mysteres de Ceres ne duroient que cinq jours ; car il n'y a pas une seule parole de Ceres dans tout mon discours : c'est à ceux de Bacchus que j'attribue ce nombre : aussi n'étoit-il question que de ses fêtes.

Je reviens donc à cette procession de Bacchus durant les mysteres de Ceres, & voici comment vraisemblablement tout s'est passé.

Avant que les Atheniens eussent reduit sous leur puissance les Eleusiniens, on celebroit dans Athenes les grands mysteres de Bacchus au mois de Boedromion, & dans Eleusis ceux de Ceres & de Proserpine au même mois ; mais depuis la conquête d'Eleusis, les Atheniens considerant cette Ville comme un lieu de grande sainteté, & d'une devotion particuliere, y allerent en procession avec beaucoup de ceremonies à toutes leurs plus importantes & plus solemnelles fêtes : ce qu'ils n'eussent pû faire durant la distinction de ces deux Republiques, par les raisons que nous en avons deduites. Et entre leurs plus saintes processions furent celles (*d*) de Minerve-Scirade où le Daduche conduisoit l'évantail de la Déesse à Eleusis, celle des grandes Panathenées, où l'on

(a) *Polya. l.* 3. (b) *Pet. in them.* (c) *Meurs. in Eleus. c.* 21. *Sed per quot diarum spatium agitata : non hoc certo affirmaverim, novem dies observasse mihi videor, de quibusdam certa dicam ; de quibusdam conjectura tantum utar : cujus mihi venia danda in re obscura,* &c.

(d) *Suidas. Meurs. in Panath.*

l'on portoit son voile en la même Ville dans un vais-
seau que l'on rouloit sur terre avec plusieurs machines;
& celle des Bacchanales, quand ils y portoient ce Bacchus enfant mystérieux de Proserpine, dont la derniere
y fut faite avec d'autant plus de raison, qu'il y avoit
déja quelque communauté de mystéres entre ces Déesses Eleusiniennes & ce Bacchus mystique, qui même
avoit un Temple dans leur ville, comme nous avons
déja dit : Et afin qu'on ne s'imagine pas que j'avance
rien ici, dont les textes des Auteurs anciens ne soient
mes garants aussi bien que la raison : voici des termes
qui nous enseignent clairement cette verité, & où l'on
ne corrige pas seulement une virgule; c'est du Scholiaste d'Aristophane, sur la Comedie des Grenoüilles, &
qui ne les raporte pas pour soûtenir une chicane de
Grammaire, car j'aurois peine à m'en servir; mais
comme un fait certain, & une doctrine absolument necessaire à l'intelligence de son Auteur. Les danses des
mystéres, dit-il, se font dans les prés & parmi les fleurs,
où chacun porte une couronne de Myrthe, & Bacchus
n'est pas seulement des Suivants de Ceres en ses mysteres, mais il en est le Chef: il a son Temple dans Eleusis, & (a) l'on celebre ces mysteres durant les Dionysiaques. Par où nous voyons sans aucune ambiguité
que les fêtes de Bacchus & les mysteres de Ceres étoient
celebrez en même temps, que Bacchus à qui les premieres étoient consacrées, étoit le President des autres,
& que cette fameuse procession de Bacchus, où l'on
portoit des couronnes de Myrthe, & (b) où l'on mar-
choit en dansant & en chantant des Hymnes sacrez en
l'honneur de Bacchus, repetant souvent le nom
d'Iacche Iacche, n'étoit pas une simple ceremonie des
mysteres de Ceres seulement ; mais une solemnité des
Dionysiaques, par le moyen de laquelle ces deux fêtes
étoient conjoinctes. Et je ne sai comment un Savant

moder-

(a) καὶ ἐν Διονυσίοις ἐπελεῖτο τὰ μυστήρια. *Schol. in Ran.*
(b) *Herod. l.* 8.

moderne prétend que cela se doit entendre des Anthesteries de Bacchus, & des petits mysteres de Ceres; car
Aristophane en cette Comedie des Grenoüilles ne parle que de grands mysteres; & cette pompe avec ses
acclamations d'Iacche, Iacche, ne se faisoit qu'au temps
des grands; ainsi que nous le voyons bien clairement
dans Herodote, même je n'ai point lû que durant les
Anthesteries on fit aucun voyage à Eleusis; ces sêtes
s'appelloient les Dionysiaques de la ville, à cause que
les ceremonies s'en faisoient dans Athenes, & non point
à la campagne, comme aux grandes Bacchanales, où
non seulement ils avoient ce pelerinage d'Eleusis: mais
encore des courses vagabondes à travers les champs &
les prez, selon que les fureurs bacchiques les emportoient; & si vous demandez des témoignages authen-
tiques pour vous justifier la conjonction des grands mysteres d'Eleusis avec les grandes Bacchanales, écoutez
(a) Sophocle dans l'Antigone, quand il fait dire à Bacchus par le chœur; c'est toi qui reposes dans le sein de
Ceres, & qui prens le soin des merveilles d'Eleusis qui
vous sont communes. (b) L'Auteur de l'argument des
Grenoüilles d'Aristophane, dit tout nettement que le
chœur des Initiez aux mysteres de Ceres, celebre aussi
les Bacchanales, & Aristophane lui-même fait invo-
quer Bacchus par ce chœur des Initiez aux mysteres,
comme (c) l'Astre brillant de ces fêtes nocturnes; Il
chasse des mysteres de Ceres tous ceux qui ne sont point
initiez à ceux de Bacchus, comme étant ces deux initiations indifferentes, il l'appelle l'Associé de leurs danses, l'Auteur des chants de cette fête, & lui fait dire à
lui-même : Je ne manquerai pas de me trouver parmi
les femmes & les filles, qui feront leurs saintes veilles
à Ceres, & de porter le flambeau devant elles, avec
mille

(a) *Sophocl. in Antig. Aristoph. in Ran. Buling. l. 1. c. 1. de Theat.*
μεδεὶς δὲ παγκοίνε ἐλθϖσίας δεὺς ἐν κολποῖς.
(b) *Bacchum laudat & Bacchanalia celebrat. Arg. in ran. Aristoph.*
(c) νυκτέρα τελετῆς φωσφορος. μηδὲ Βάκχι ἐτελίοϑη.

mille autres difcours, qui font voir manifeftement l'u-
nion de ces deux efpeces de myfteres, dont même nous
avons une preuve très-claire dans les (a) Faftes d'Ovide,
qui nous apprend que les Romains en ufoient comme
les Grecs, ils avoient même retenu ce nom, appellant
ces fêtes ou Cerealia, ou *Græca facra*, & emprunté les
Prêtres qui étoient toûjours Grecs.

Doncques ces deux grandes fêtes fe rencontrant en
même temps, & celle de Bacchus finiffant par cette
proceffion, qui fe faifoit d'Athenes à Eleufis, elles fe
font peu à peu confonduës dans les âges fuivans, &
quelques-uns ont penfé que cette ceremonie n'étoit
qu'une partie des myfteres de Ceres, à caufe qu'elle
s'achevoit dans cette ville devote, & qu'elle occupoit
l'un des jours qui lui étoient confacrez : ce qui n'étoit
pas fans apparence, veu principalement que les anciens
Auteurs parlent affez confufément de ces deux fêtes, &
que les modernes ont formé fur ce fujet deux partis
contraires, foûtenus l'un & l'autre par des Savans Illuftres, & reverez en tout l'Empire des Lettres. Auffi
demeure-je d'accord que l'on peut entendre le paffage
de Plutarque en la vie de Demetrius, des grands myfteres de Ceres & de Proferpine, auffi bien que de Bacchus ; ces termes de myfteres, epoptes, daduche,
ou porte-flambeau leur étant communs, auffi bien que
le temps de la celebration, même l'impieté de Demetrius n'épargna non plus les uns que les autres,
étant bien difficile qu'une curiofité facrilege reçoive
quelques bornes.

Mais je prétends avec Scaliger, & plufieurs grands
perfonnages, que Plutarque a plus vrai-femblable-
ment voulu parler des myfteres de Bacchus, que de
ceux de Ceres.

Premierement les petits myfteres dont cet Hifto-

Tome III.   G   rien

____

(a) *Luco fua ludos vua commentor habebat : quos cum tædifera nunc
habet illa dea. Ovid. Faft. 3. Hofpinian. lib. 2. c. 14. de Orig.
Faft.*

rien fait mention , étoient celebrez au mois Anthesterion, que vous reconnoissez être un mois du Printemps, comme il est indubitable. Or il ne me souvient pas d'avoir jamais lû dans aucun Auteur, que
ceux de Ceres ayent été celebrez dans ce mois; au
contraire Meursius qui traite cette matiere plus particulierement que pas un autre , tient pour certain ,
suivant les paroles expresses de (a) Philostrate & de
Maxime de Tyr , que les petits mysteres de Ceres
étoient celebrez dans l'Automne.

Aussi Meursius pour soûtenir son opinion conforme
à la votre, que Plutarque a parlé des mysteres de Ceres, veut que le mois Anthesterion , auquel il met les
petits, soit le Novembre des Romains, ce que vous
savez bien n'être pas vrai. Et de fait, ces petits mysteres de Ceres étoient celebrez peu de temps devant les
grands , comme dit Hospinian , Cœlius-Rhodiginus ,
Clement Alexandrin , & beaucoup d'autres; parce qu'ils
n'en étoient qu'une Ecole, & une preparation : ou
bien peu après dans l'Automne , selon Philostrate &
Maxime de Tyr, d'où vient que (selon Meursius expliquant les Auteurs) (b) ceux que l'on y avoit admis,
étoient receus dans les grands un peu moins qu'un an
après cette premiere initiation. (c) Casaubon fort vrai-
semblablement met les petits mysteres de Ceres au mois
Pyanepsion, qui commençoit regulierement à l'Equinoxe d'Automne. Et pour nous faire croire le reproche que vous lui faites, d'avoir en cela manqué de
memoire, vous avez besoin de raisons & d'autoritez,

&

(a) τὸ μετόπωρον. Phil. lib. 4. c. 6. de vit. Apol. περὶ Διονύσια ,
μετόπωρα μυστήρια , Max. Tyr. 33. & Meursius, Vterque autumni
tempus indicat & Anthesterion , uti volunt Novembri Romanorum res-
pondet. Eleus. cap. 6. Où vous remarquerez qu'il ne parle que des
petits mysteres de Ceres.

(b) Epopta fiebant in magnis , anno minimum uno , postquam mysta
facti essent in minoribus , non autem post magna uno anno Meurs. Eleus.
c. 8.

(c) Minora mysteria Pyanepsione celebrabantur. Casaub. in Theophr.
περὶ δόλ.

& si vous en eussiez eu, vous ne les eussiez pas oubliées; car s'il a manqué de memoire, c'est quand il a
dit le contraire de ce qu'il nous en avoit appris. Mais
pour les petits mysteres de Bacchus, on sait trop bien
qu'ils étoient celebrez dans le mois Anthesterion, dont
même ils étoient nommés Anthesteries ; & partant
il sera vrai de dire que Plutarque parle plûtôt ici de Bacchus que de Ceres, & si vous nommez les Anthesте-
ries grandes Bacchanales, ce n'est que pour jetter quelque scrupule dans l'esprit des Lecteurs, étant évident
que les Anthesteries n'étoient que de petites fêtes qui
s'entresuivoient, plus fameuses par les festins & les dé-
bauches de table, que par aucunes secrettes ceremonies; au lieu que dans les grandes Bacchanales, (a) ils
pratiquoient des courses & des processions enragées,
portant des Thyrses & des flambeaux, avec des pompes devotes & des mysterieuses fureurs, dont les Poëtes ont fait tant de longues descriptions, & tant de belles comparaisons, dont les Romains firent autresfois
une si severe perquisition, quand un Prêtre Grec les
introduisit en Italie, & dont les Peres de l'Eglise ont
tiré tant d'argumens, pour condamner l'impieté du Paganisme.

Peut-être vous deffendrez-vous par Casaubon, qui
dit, que les grandes Dionysiaques se celebroient au
mois d'Anthesterion : mais remarquez qu'en cet endroit
il renvoie ses Lecteurs pour en être bien instruits, à ce
qu'en écrit (b) Scaliger au premier livre de son grand
Oeuvre, nommant ainsi l'emendation des temps; car
cela vous montre clairement que c'est une erreur de
plume & non pas de sentiment, & qu'il faut lire Boedromion, & non pas Anthesterion; autrement il n'auroit pas renvoié ses Lecteurs à Scaliger, dont il auroit
appris ces choses, & qui tient une opinion toute con-

trai-

(a) *Nat. Com. myst. L. 5. c. 13.*
(b) *Sed de his consulas unicum illud seculi decus Josephum Scalige-
rum in operis magni libro. Casaub. in Theoph.*

traire à ce que ces paroles fignifient. En un mot, Cafaubon étoit de l'opinion de Scaliger auffi bien que
moi, encore que fa plume, ou l'Imprimeur femblent
avoir dementi fa penfée.

Mais que direz-vous à l'argument que l'on peut tirer
de Paufanias en faveur de Scaliger, & de ces grands
perfonnages : Cet Auteur écrit que les myfteres de
Ceres ne furent jamais celebrés que dans la ville d'E-
leufis, & qu'autres-fois les Atheniens l'ayant affiegée,
& reduitte à l'extremité, les habitans ne fe voulurent
jamais rendre, qu'à condition que la celebration de ces
myfteres demeureroit particuliere à leur ville, fans pouvoir jamais être tranfportez dans Athenes. Ce qui leur
fut accordé par les Atheniens, qui jamais depuis
n'ont violé ce traitté, non pas même durant les plus
grandes guerres, qui les ont fouvent empêchez d'affifter à cette folemnité dans Eleufis ; mais qui ne leur
ont jamais donné l'envie de les celebrer dans Athenes.
Auffi fut-ce un grand fujet de gloire pour Alcibiade,
quand afin de conjoindre les myfteres de Bacchus à
ceux de Ceres, felon la coûtume. il conduifit par terre la proceffion de Bacchus d'Athenes à Eleufis avec
une grande Armée, qui lui fervit d'efcorte, & à la vûë
des ennemis qui tenoient le fort de Decellée fur le
chemin facré, & qui les avoient contraints depuis quelques années de faire cette proceffion par mer. Que
voyons-nous de convenable à cette coûtume dans cette avanture de Demetrius ? Il ne va point à Eleufis,
on n'en apporte point les fecrettes merveilles qu'il lui
falloit faire voir, le peuple n'y fait aucune proceffion,
la ville n'eft pas feulement nommée, on ne parle ni
de Ceres ni de Proferpine, ni d'aucune de leurs ceremonies : Au contraire Plutarque dit clairement que
Demetrius fut admis à la connoiffance des myfteres
qu'il demandoit, anffi tôt qu'il fut entré dans la ville
d'Athenes, & même dans la place publique. Le texte y eft formel ; car d'en corriger les paroles, & les
changer, comme quelques-uns ont fait, pour en dé-
tour-

tourner l'intelligence en faveur de leur opinion, j'estime qu'il n'est pas juste, & que Scaliger & ces autres
grands personnages n'ont pas eu moins de raison de les
conserver, telles qu'elles sont dans tous les exemplaires, que les autres, de les alterer sans aucune necessité.
Et quand à ce qu'écrit Athenée, qu'à la celebration
des mysteres de Ceres & de Proserpine dans la ville
d'Eleusis, Demetrius fit élever un Thrône à sa maitres-
se Aristagora assez près de l'Autel, afin qu'elle vît plus
commodement ce qu'il y avoit de plus secret, il ne
faut pas croire que ce fut lors que ce Prince voulut connoitre ceux de Bacchus avec tant de precipitation, &
contre l'ordre des temps : mais dans une celebration
faite en quelque autre année, aux jours accoûtumez,
& avec toutes les ceremonies ordinaires. De fait Athenée ne parle point de cette precipitation de temps, ni
du transport des mois, dont Plutarque fait mention,
ce qui neantmoins étoit une chose assez notable : Et
Plutarque ne dit pas une seule parole, ni de la ville
d'Eleusis, ni de cette maîtresse de Demetrius, ni de
ce Thrône, ni de cette assistance prophane aux mysteres de Ceres, ce qui neantmoins étoit très-important
pour rendre plus odieux le sacrilege de ce Prince; &
cet Historien ne l'auroit pas oublié, si cela ne se fut
fait depuis & dans l'ordre, comme il est vraisemblable
que cette Dame fut reçûë dans cette Confrairie.

Encore est-il important de considerer qu'aux mysteres de Ceres les Étrangers ne pouvoient être reçeus :
La preuve en est authentique chez Plutarque, qui
nous apprend que l'on denia cette faveur à Hercule, à
Castor, & à Pollux, & que neantmoins pour donner
à Hercule quelque satisfaction dans le desir extréme
qu'il en témoigna, on institua quelques saintes Ceremonies en l'honneur de Ceres, qui avoient quelque
rapport à celles que l'on observoit toûjours de toute ancienneté, ce que l'on nomma les petits mysteres, à la distinction des autres, qui porterent depuis le nom de Grands : & à ces petits mysteres

G 3

fut

fut admis (*a*) Hercule, puis Castor & Pollux, Anacharsis, & plusieurs autres, en obtenant neantmoins
auparavant le droit de Bourgeoisie, afin de perdre en
quelque sorte cette qualité d'Etranger, comme ils a-
voient part en quelque sorte à la secrette Religion du
païs.   Nous trouvons même que le nom du Bourgeois
qui receut Hercule en sa famille, étoit Pylius, que celui qui adopta Castor & Pollux se nommoit Aphydnus,
& (*b*) qu'Anacharsis, aux termes de Lucien, fut fait
Bourgeois de la ville, avant que d'être initié : c'est
pourquoi quand nous lisons que non seulement les Grecs,
comme dans (*c*) Herodote, mais aussi que tous les peuples de la terre, comme dans Ciceron & Aristide,
furent initiez aux mysteres d'Eleusis, il faut entendre
des petits mysteres & non des Grands, & après avoir
été faits Citoyens ou Bourgeois : Aussi quand les Historiens ont parlé des Etrangers initiez en ces mysteres,
ils ajoûtent que ce fut à l'exemple d'Hercule, c'est-
à-dire aux petits seulement, & après avoir acquis le
droit de Bourgeoisie qui les en rendoit capables.   Les
paroles de Capitolin, touchant l'Empereur Adrian, y
sont precises (*d*) *à l'exemple d'Hercule*, & l'Arrêt du
Senat en vertu duquel Hipocrate y fut admis, portoit
expressément *tout ainsi qu'Hercule*, ce qui doit servir
de regle & de lumiere pour entendre toutes les autres
initiations qui ont été faites depuis (*e*) Hercule, comme d'Aesculape, d'Auguste, d'Apulée, & de tous les
autres   De fait, que l'on ne trouve point de Decret,
soit de la Republique d'Athenes, soit de ses Tyrans,
ou de ses vainqueurs, qui jamais ait permis aux Etrangers

(a) *Plut. in Thes. Apollod. L. 1. Bibliot. Schol. Arist. in Plut. 2.
Arist. orat in Hercul. in laud 1 in Panath.*

(b) Δημοποιητὸς γενόμενος. *Lucian in Scyth. & alii supra laudati.*

(c) *Herod. lib. 8. Cicer 1. de nat. deor. Tusc. 1. de leg. 2. A-
ristid in Panath.*

(d) *Eleusinia sacra exemplo Herculis Philippiq ; suscepit. Capitol.
in Adrian.*

(e) καθάπερ Ἡράκλεα, *Ex Senat Athen. Meurs.*

gers d'être initiez aux grands myſteres d'Eleuſis indifferemment avec ceux du païs d'Attique, ni qui jamais
les ait diſpenſez de cette adoption, non plus que des
autres ceremonies neceſſaires, pour être initiez aux petits.   Il n'y a pas même un exemple auparavant l'age
de Demetrius, dont on en puiſſe tirer aucune conjecture.   Or dans cette hiſtoire de Demetrius, nous ne
voyons rien qui puiſſe convenir à ces ſaintes & vieilles
inſtitutions des fêtes de Ceres. Il n'étoit point du païs
d'Attique, & partant il étoit incapable d'être admis aux
grands myſteres d'Eleuſis : il ne fut point adopté par
aucun Bourgeois d'Athenes, & partant il eſt vrai-
ſemblable qu'il ne s'agiſſoit pas des petits. Auſſi
quand le grand Prêtre allegua les raiſons qui pouvoient
exclurre Demetrius de la communication qu'il vouloit avoir des myſteres d'Athenes, il ne parle point de
ſon païs, ni de ce deffaut d'adoption, qui neantmoins étoient les plus importantes, s'il eût été queftion des ceremonies de Ceres : mais il oppoſa ſeulement le temps de la celebration qu'il falloit trop a-
vancer, & qui pouvoit être le ſeul moien pour lui
refuſer la connoiſſance des myſteres de Bacchus,
pour leſquels on n'étoit pas obligé d'être du païs d'Attique, de naiſſance, ni par adoption.

A toutes ces raiſons j'en ajoûte encore une de
très-grande conſideration en cette diſpute, fondée
ſur l'humeur particuliere, & ſur la vie de Demetrius.
(a) Ce Prince eût toûjours cette folle ambition, que
de vouloir être eſtimé pareil au Dieu Bacchus Con-
querant de l'Univers, & Stratocles fit faire un Decret, que toutes les fois que Demetrius entreroit
dans Athenes, on le recevroit avec les mêmes ceremonies qui ſe faiſoient aux fêtes de Bacchus &
de Ceres (ce qui montre encore l'union de ces deux
fêtes.) Il changea le nom de ces fêtes, & les ap-
pella du ſien Demetriades, ce qui les a fait confon-

G 4

dre

(a) *Plut. in Demet.*

dre par quelques-uns avec celles de Ceres, à cause de l'ambiguité du terme Grec, & de la communauté de leurs mysteres.) Enfin il commit tant de
sacrileges envers cette imaginaire divinité; que pour
se vanger de ce peuple qui les avoit soufferts, (a)
Plutarque écrit qu'en l'une de ces fêtes le jour de
la procession, Bacchus fit geler toutes les vignes du
païs d'Attique, & le froid fut si grand, qu'il fal-
lut remettre la pompe à un autre jour; où vous
voiez encore dans une saison de gelée une procession solemnelle durant les fêtes de ce Dieu. De
toutes lesquelles circonstances il est aisé de juger que
l'impieté de Demetrius porta sa curiosité jusqu'à
vouloir connoître les plus secrets mysteres de ce
Dieu, auquel il vouloit ressembler, afin de voir si
dans les honneurs qu'on lui rendoit, il n'y avoit
point quelque chose qui fût digne d'être imitée, &
que Plutarque pour derniere preuve du caprice, &
de l'irreverence de Demetrius, écrit les paroles &
l'avanture dont il s'agit, qu'il faut pour cette raison
entendre plûtôt des fêtes de Bacchus que de Ceres.

Ce n'est donc pas une erreur qui me soit commune avec Scaliger, Hospinian & plusieurs autres grands
personnages: mais une opinion soutenuë de plusieurs raisons, pour le moins aussi fortes, que celles dont vous pourriez deffendre la vôtre: mais bien
plus foibles, que celles dont ils eussent eux-mêmes
deffendu leur cause, s'ils l'avoient peu faire. Vous
deviez, ce me semble, épargner la reputation de
ces Illustres Sçavants, & ne les pas outrager de la
sorte, pour avoir quelque pretexte de me faire
injure; car si l'on ne decouvre quelque chose de
nouveau dans les Auteurs que nous avons, ou si
l'on ne trouve quelque manuscrit qui n'ait point
encore été veu, ou si vous ne prouvez clairement

que

______

(a) *Id ibid.*

que vous avez eu quelque revelation, cette dispute ne fera jamais terminée, & quoi qu'il arrive, il reftera toûjours un parti noble & puiffant
contre le jugement temeraire que vous en avez
fait.

CHAPITRE XIII.

De l'ordre des mois Posideon & Boedromion.

PAROLES DE Mr. MENAGE.

(a) Au mois de Posideon, c'est-à-dire de Decembre, ou selon quelques-uns de Septembre, puis au mois de Boedromion, qui tenoit de Septembre & d'Octobre, & non pas d'Août & de Septembre.

Replique de Monsieur l'Abbé d'Aubignac.

VOus montrez-bien certes en cet endroit, que vous écrivez seulement par une secrette demangeaison de contredire la verité; autrement vous eussiez apporté quelque preuve de cette nouvelle opinion pour détruire la mienne, qui est fondée sur des témoins irreprochables. Car pour le Posideon que vous appliquez au mois de Decembre ou de Septembre, il me semble pour un homme qui entreprend de me corriger partout, qu'il falloit decider nettement cette difficulté, & lever toutes les incertitudes où vos Lecteurs pourroient tomber, non pas les augmenter avec autant de hardiesse, que si vous nous appreniez quelque chose de nouveau. Mais je ne voi pas qu'il y ait tant de sujet de douter de l'application de ce mois, étant certain par (b) Aristote, par Plutarque & par Pline, que dans l'Année reguliere il finissoit au solstice d'Hyver, où commençoit

____

(a) Pag. 25. ed. 2. p. 50.   Pag. 28. ed. 2. p. 53.
(b) Arist. de nat. anim. Plut. in Cæsar. Plin. de Alcionib.

mençoit le Gamelion avec l'année ; & partant il convenoit à nôtre mois de Decembre en sa plus grande
partie : Outre que les Atheniens, avant qu'ils eussent
rejetté ce commencement de l'année au solstice d'Eté,
avoient toûjours double Posideon, quand il falloit intercaler un mois pour ajuster le dereglement de l'année
Lunaire avec celle du Soleil : (a) Ce qui montre que ce
mois étoit lors le dernier de l'année Attique ; c'est à
dire, qu'il finissoit au solstice d'Hyver, d'autant que
telles intercalations ne se faisoient qu'à la fin de l'année.
Je sai bien qu'il pouvoit quelquefois être reculé dans le
mois de Novembre, & d'autres fois avancé sur celui
de Janvier : mais cela n'est pas de nôtre dispute : & ce
seroit un mauvais moyen pour excuser vôtre faute ; car
il ne peut jamais se reculer ni s'avancer jusqu'au mois
de Septembre.

Quant au mois de Boedromion, j'ose dire que vous
êtes peut-être le seul qui l'avez si hardiment rejetté
dans le mois d'Octobre, si ce n'est lors qu'il s'étoit
avancé par le dereglement de l'année Attique ; car il
est un de ceux qui a reçu le moins de contestation, &
si quelques-uns l'ont appliqué au mois d'Août, c'est
parce qu'il en tient les derniers jours, étant rapporté communement au mois de Septembre, dont il
occupe la plus grande partie. Aussi est-il certain qu'il
étoit le troisiéme de l'année Attique, en la commençant au solstice d'Eté, ce que nous apprenons de plusieurs Auteurs : mais fort clairement de (b) Demosthene, qui met ces trois mois de suite Hecatombeon,
Metagitnion, & Boedromion, dont le premier commençant l'année au solstice, tient de Juin & de Juillet,
le second de Juillet & d'Août, & Boedromion d'Août
& de Septembre. Davantage le Pyanepsion est indubi-
tablement le mois qui commençoit à l'Equinoxe d'Automne,

(a) Scalig. de Period. Att. l. 1. de Emend.
(b) Διελθόντος τοῦ ἐνιαυτοῦ τούτου ἑκατομβαιῶνι μεταγειτνιῶνι
Βοηδρομιῶνι. Olynth. 3. Demost.

tomne, au premier jour duquel on faisoit vendange,
(*a*) selon Plutarque, & en la place duquel (*b*) Scaliger
montre que l'Hecatombeon fut transporté, quand les
Magistrats d'Athenes commencerent les ans d'Alexandre en Automne, avec les Macedoniens : d'où s'ensuit
que ce mois de Pyanepsion, & non de Boedromion
tient la fin de Septembre, & les vingt premiers jours
d'Octobre ou environ. Ce n'est pas que par le dereglement des mois de l'année Attique, le Boedromion
ne portât quelquefois ses derniers jours dans nôtre mois
d'Octobre comme en l'an 46. de la premiere periode
Calippique, où le vingt-cinquiéme de Pyanepsion, s'il
n'y a point d'erreur en cet endroit dans (*c*) Ptolemée,
le Soleil étoit au 15. degré du Scorpion, ce qui tombe
environ le 6. de Novembre : Ainsi il falloit que le dernier jour de Boedromion fût avancé jusqu'au dixiéme
d'Octobre ou environ, & au contraire nous voyons
par une Epître de Philippe Roi de Macedoine, que ce
même (*d*) Boedromion convenoit avec le mois Loos
des Macedoniens, que l'on a toûjours regulierement
interpreté pour le mois d'Août, mêmes (*e*) Aristote
écrit que les Cerfs entrent en rut, lors que Bootes se
leve dans le mois Boedromion, & nous savons, ainsi
même que le disent Pline & (*f*) Columella, que ce signe se leve aux premiers jours de Septembre, & devant
l'Equinoxe, & partant il faut que ce mois tienne les
premiers jours de Septembre avec les derniers d'Août,
& non pas les premiers d'Octobre avec les derniers de
Septembre, comme vous avez dit. En quoi vous n'a-
vez pas mieux rencontré que (*g*) Dalechamp en sa traduction

(a) *Plut. in Thes.*
(b) *Scal. l. 2. c. 4. & alibi passim.*
(c) *Lib. 7. c. 3. Almagest.*
(d) *Demosth. de Cor.*
(e) *Lib. de Nat. anim. c. 29.*
(f) *Nonis Septembris Arcturus exoritur. Colum. c. 9. l. 11. Sidus Arcturi exoritur undecim diebus ante Equinoxium Autumni, Plin. l. 2. c. 47.*
(g) *Lib. 8. c. 15.*

ǎuction d'Athenée , où il fait que Boedromion eſt le
mois de Mars, & ce qu'il ajoûte en ſes Notes, que ſon
exemplaire Grec portoit Boedromion & non Munichion,
comme d'autres, traduiſant en ce lieu, ſelon Junius
Août, pour Boedromion & non Mars; c'eſt une aſſez
mauvaiſe correction, car le Munichion non plus que
Boedromion, n'étoit point Mars , & Junius ne peut
avoir nommé Boedromion Août, que pour les derniers jours de ce mois qu'il occupoit.   Mais toutes ces
choſes ſe rendront plus intelligibles , quand nous traiterons amplement en quel lieu de l'année Julienne il faut
placer le mois d'Antheſterion.

CHAPITRE XIV.

Du mois Anthesterion, & de l'application des mois des differentes années de plusieurs peuples, les uns avec les autres.

PAROLES DE M^r. MENAGE.

(a) *Comme je ne croi pas que le mois d'Anthesterion soit le nôtre d'Avril, je ne pense pas aussi que ce soit celui de Février, & si vous en voulez croire Plutarque & Appian, nous partagerons le different, & l'expliquerons de celui de Mars.*

Replique de Monsieur l'Abbé d'Aubignac.

VOici le principal point de nôtre contestation ; car ayant rencontré le jour de l'année auquel est arrivée l'histoire de cette Comedie , il n'y a plus lieu de contredire mon opinion ; & tout ce que vous dites en vôtre réponse n'est plus qu'un savant caquet sans aucune conséquence : En quoi certes j'ose me donner la gloire d'avoir penetré dans cette Comedie plus avant que personne n'a jamais fait en pareille occasion; & si je n'avois trouvé, ou plûtôt heureusement deviné, que le fait en est supposé dans la debauche de la fête Pitœgia, je m'asseure bien que vous n'en contesteriez maintenant ni le jour, ni le mois; car vous ne l'auriez jamais sû ni pensé; vous deviez bien, ce me semble, en
dire

____

(a) *Pag.* 31. *ed.* 2. *pag.* 57.

dire quelque chofe dans cette réponfe, comme vous l'avez confeffé franchement à tous nos amis, vous m'euffiez épargné la peine de reprendre fur vous par neceffité l'honneur que vous m'ôtez par vôtre filence.

Mais pour traiter cet endroit le plus fommairement qu'il me fera poffible, quoi que très-important, & fondé fur plufieurs belles & doctes recherches : je ne vous remettrai point devant les yeux vos propres contradictions, comme quand vous affirmez ici que l'Anthefterion des Atheniens eft le mois de Mars de l'Année Julienne, après avoir dit auparavant qu'Elaphebolion tient le même mois de Mars (a); ce qui peut néanmoins être veritable, à le prendre en diverfes années, & en differens calculs de l'année Attique; mais c'eft ce que vous n'avez peut-être pas fû, ou au moins à quoi vous n'avez pas fongé. Vous avez parlé feulement par une antipathie naturelle que vous avez avec la verité, & fi vous y avez intrigué tant d'opinions bonnes & mauvaifes, comme celle de Gaza, que tous les Savans ont condamnée, & tant d'objections & d'explications ennuieufes, c'eft fans doute de crainte de dire une verité toute nuë.

Or voyons fi j'ai mal entendu l'année des Atheniens, quand j'ai pofé que le mois d'Anthefterion tient la fin de Mars, & le commencement d'Avril.

Pour donner une belle lumiere à cette propofition, il faut premierement demeurer d'accord comme d'une chofe indubitable, qu'il eft très-difficile, & quelquefois prefque impoffible d'appliquer enfemble les mois des années obfervées par les diverfes nations du monde, ni de les rapporter les uns aux autres. C'eft pourquoi l'année de Jules Cefar que nous fuivons, doit être établie pour la regle de toutes les autres, comme la plus jufte & la moins fujette au defordre : ainfi l'ont pratiqué les plus habiles Chronologues, & je l'ai fait ainfi dans la recherche du mois & du jour de notre Comedie.

(a) Pag. 25, ed. 2. pag. 51.

medie. Mais quoi que l'année Julienne ſoit bien reglée, celles des autres peuples ſont tellement irregulie-
res, que l'application de leurs mois eſt très-mal-aiſée,
& ſouvent en apparence embarraſſée de pluſieurs contrarietez : parce que ces années ne commençant preſque jamais avec celles de Jules Ceſar, ni leurs mois
avec les ſiens, non ſeulement le compte des mois par
ordre de premier & de ſecond eſt tout divers, mais
encore un de leurs mois convient à pluſieurs des nôtres. Ainſi qui voudroit appliquer les mois de l'année
des Arabes avec ceux de la Julienne, travailleroit inutilement, parce que leur année étant de douze Lu-
nes, & plus courte de onze jours que la nôtre, chacun de leurs mois dans l'eſpace de trente-trois ans
ou environ, court & paſſe dans toutes les nôtres. Le
même arriveroit à l'égard de l'année Egyptienne, qui
commence à la Canicule, le Soleil entrant au Lyon,
c'eſt-à-dire à la fin de nôtre mois de Juillet ; car ni
les mois ni le commencement de l'an, ni les ſaiſons ne
ſe rapportent point à nôtre compte. (a) Conſiderez
auſſi que les Sarazins ont deux mois qui portent le nom
de Rabie, & deux celui de Giūmady, & quelquesfois
deux de Tzephar, Les Antiochiens deux qui ont le
nom de Zizri, & deux celui de Canom ; les anciens
Saxons deux Giuly, & deux Lyda, & quelquefois
trois, dont l'année ſe nomme lors Trilyda ; & delà
jugez s'il eſt bien aiſé d'en faire un juſte rapport aux
nôtres.

(b) On ſe tromperoit auſſi lourdement de prendre
l'an de grace des Æthiopiens, ſelon nôtre compte,
dès la naiſſance de Jeſus-Chriſt ; car ils n'en font
le calcul que depuis l'Ere de Diocletian, c'eſt-à-dire
deux cent quatre-vingt trois ans plus tard que nous ;
Outre que leur année ne commençant qu'au jour de
la

(a) Scal. lib. 3. cap. 2.
(b) Scal. l. 1. c. 3. & lib. 2. cap. ult. de Emend. temp. Comput.
Eccleſ. Æthiop. & ibi Scal.

la Decollation de S. Jean Baptiste le vingt-neuviême
d'Août, il se trouveroit qu'une chose arrivée au premier mois de l'année, selon le compte de leurs historiens, tomberoit dans le huitième, ou le neufvième
de la nôtre, aussi le jeûne d'Helie qu'ils celebrent le
vingtième de leur troisième mois, arrive au seizième
de Novembre, qui est l'onzième en nôtre année.
(a) Et si deux interpretes avoient appliqué leur premier
mois, l'un à nôtre Août, & l'autre à nôtre Septembre, ils auroient tous deux dit vrai, sans pouvoir être
contredits que par celui qui auroit recherché dans l'Auteur originaire le jour de l'action dont on contesteroit.
Ajoûtez que leurs mois étant chacun de trente jours,
ils sont obligez d'en intercaler cinq jours à la fin de leur
année; d'où vient qu'ils ne s'accordent point en la celebration des Fêtes avec ceux qui se servent de l'année
Julienne, & même celle qu'ils appellent l'Annoncia-
tion n'est pas la nôtre; mais la Conception de S. Jean
Baptiste qu'ils mettent au vingt-quatrième de nôtre
Septembre. (b) Ce qui a donné bien de la peine au
grand Scaliger, dans la recherche qu'il a faite de ces
ans de grace, afin de les appliquer aux nôtres, comme
il le confesse lui-même.

Parmi les Romains, outre qu'ils ont commencé leur
année tantôt en Mars, & tantôt en Janvier, le premier
mois n'étoit pas stable & arrêté en un certain point,
comme à present; mais il se reculoit peu à peu; de
sorte qu'à la fin, le premier jour de Janvier se trouva
au troisième d'Octobre, tant l'année étoit lors extra-
vagante, & facile à se detraquer. Ce qui obligea Jules Cesar, pour en corriger l'abus, de faire une année
de quatre cent quarante-cinq jours, comprenant ce qui
res-

(a) *Franc. Anaric. Sacer. reg. Ema. Itin. Æthiop.*
(b) *Omnis cultus & solemnitas anticipat inter illas uno die donec re-
medio Bisexti noster cum illorum anno redit in gratiam. Scal. Æstua-
vi aliquantum priusquam hos annos gratia assequi potui, de Emend. l.
7. c. 2.*

restoit depuis le troisiéme d'Octobre jusqu'à la fin de Decembre, qui font quatre-vingt jours, (a) & toute l'année suivante de trois cent soixante-cinq. Ainsi le mois de Janvier reprit son veritable lieu : Si donc les historiens qui ont écrit depuis cette correction, parlant d'une action arrivée durant ce dereglement de l'année Romaine, l'avoient mise au mois de Janvier, ils ne contrediroient en rien ceux qui auroient écrit auparavant, & qui l'auroient mise au mois d'Octobre.

Mais sans aller si loin, on sait que nous avons commencé l'année à la fête de Pâques, jusques à Charles IX. en l'an 1563. Or dans ce temps, le mois d'Avril pouvoit être le premier & le dernier d'une même année, Pâques tombant dans une année aux derniers jours de Mars, & dans la suivante aux premiers d'Avril : Et d'accuser de contradiction deux Auteurs, dont l'un mettoit le mois d'Avril au commencement, & l'autre à la fin de l'année, seroit non seulement temerité, mais ignorance : C'est pourquoi dans ce temps-là, les actes publics passez aux derniers jours de Mars, ou aux premiers d'Avril avoient accoûtumé de porter ces paroles de distinction *devant Pâques*, ou, *après Pâques* : même le retranchement de dix jours fait en mil cinq cens quatre-vingt deux, donne lieu à des contradictions apparentes, non toutefois veritables entre les Auteurs : car tout ce qui s'est fait dans les dix derniers jours d'un mois de l'année avant ce retranchement, se trouvera fait dans les dix premiers du mois suivant, quand on en voudra faire l'application, selon le compte que nous tenons maintenant ; & de là procede la difference qu'il y a des calculs & du raport des mois anciens aux notres, entre ceux qui ont écrit devant mil cinq cent quatre-vingt deux, & ceux qui ont écrit depuis.

Quant à la Grece, elle a fourni d'autant plus de pareils scrupules, qu'elle étoit remplie de plusieurs souve-
raine-

_____
(a) *Conf. c.* 20.

rainetez, qui n'avoient presque rien de commun : &
comme tous ces peuples étoient independants les uns
des autres, ils affectoient de vivre chacun à leur
mode, & de n'être pas redevables seulement d'un bon
exemple à leurs voisins. Ils avoient chacun leur
Religion & leur gouvernement ; & s'il s'en trouve qui
ayent adoré mêmes Dieux, c'étoit d'ordinaire avec
differentes ceremonies ; & s'ils ont eu mêmes loix, ils
les pratiquoient avec differentes formalitez : & leurs
Assemblées generales, & leurs Communautez de sacrifices n'étoient que des preuves publiques de l'égalité
de leur puissance : Mais dans la conduite particuliere
de leurs Etats, ils entretenoient cette dissemblance en
toutes choses, comme une marque sensible de leur
independance : (a) ce qu'ils ont principalement affec-
té dans la supputation des temps, ayant toûjours
gardé beaucoup de difference entre les periodes, les
années, & les mois, dont chacun d'eux se servoit,
bien qu'ils ayent tous reglé les temps sur le mouvement
du Soleil & de la Lune.

(b) Pour leurs periodes, elles ne s'accordoient point,
& comme ils les avoient établies par diverses considerations, ils leur avoient donné des commencemens
& des durées bien differentes : La Tetraeteride Olympique precedoit l'Attique d'un an & demi ; la Pythi-
que de deux ans, & la Thebaine de six mois seulement ; L'Olympique commençoit au solstice d'Eté,
l'Attique à celui d'Hyver, comme la Thebaine ; &
ainsi de toutes les autres. Ce que l'on peut connoître
par le discours de (c) Plutarque, en parlant de la bataille de Platææ, & de ce qu'il étoit necessaire de (d)
faire publier par toute la Grece les jeux Olympiques,

H 2

avec

(a) *Cicer. in Verr. est consuetudo.*
(b) *Scal. l. 1. de per. Theb. de per. Delph.*
(c) *In Aristid.*
(d) *Gard. c. 19. Chron. num. 26. Ex quo necesse fuit ut Olym-*
pias in universa Græcia per præcones ediceretur designantes & mensem
& diem.

avec le jour & le mois qu'on les devoit celebrer,
tant les Elides avoient peu de convenance en leurs années avec les autres Grecs : si bien que pour les appliquer les uns aux autres, il faut toûjours ajoûter ou
retrancher quelque nombre d'années, de mois, ou de
jours : Ce qui a fait errer beaucoup de gens qui ne le
savoient pas, ou qui n'ont pas bien sceu faire ce rapport.

(*a*) Leur année ne commençoit pas non plus en même point, les uns la comptoient des solstices, & les
autres des equinoxes : Encore y en avoit-il qui la commençoient avec tant de dereglement qu'elle ne convenoit point ni avec les solstices, ni avec les equinoxes :
ce qui changeoit tellement l'ordre des mois, que le
premier chez l'un de ces peuples, étoit le quatriéme,
le septiéme, ou le dixiéme chez quelque autre. Ainsi qui penseroit appliquer le premier mois de la Grece
au mois de Janvier, pourroit dire vrai à l'égard de certains peuples, & faire une faute bien grossiere à l'égard
des autres.

(*b*) Leur mois n'étoient pas seulement differents en
l'ordre, mais encore aux noms ; Les Macedoniens en
avoient de tous particuliers, les Thebains, les Atheniens, les Lacedemoniens, les Corinthiens, les Cyprio-
tes, & même les plus petites Republiques, comme les
Delphiens, dont nous trouvons un mois nommé Dy-
sios chez (*c*) Plutarque, des Cappadociens Atarta chez
S. Epiphane, des Joniens Lanolon chez Jean le Grammairien, de ceux de Siracuse Carnios chez Plutarque ; des
Træseniens ¡Gerastios chez (*d*) Athenée, & s'il s'en
trou-

<hr>

(*a*) *In hoc tamen varietatem recipiebat Græcus annus quod singula pene Græciæ nationes suos haberent menses diversos, & aliqui ab Autum-
no, alii à Solstitio & plenilunio : alii aliter suum inciperent annum.*
Gordon. c. 19. *Chronol.*

(*b*) *Nomina quibus menses Attici dicebantur, extra Atticam locum
non habebant, neque appellationes Thebana ; vulgo tamen in Attica usur-
pabantur.* Scal. *l.* 1. *c.* 10.

(*c*) *In Nicia.*
(*d*) *Athen. l.* 14. *c.* 17.

trouve qui portent le même nom chez differents peuples, ils ne convenoient pas en ordre ou en situation.
(*a*) Chez les Macedoniens Panenios étoit le premier de
la Tetraeteride, chez les Beotiens le huitiéme, & chez
les Corinthiens le quatriéme; Artemisios est le second
chez les Lacedemoniens, & le sixiéme chez les Macedoniens; le Carnios le huitiéme à Syracuse, & le dixiéme à Cyrene; Outre que leur mois étant pour la plûpart de trente jours, & ne commençant pas ensemble,
il arrivoit qu'un mois de chaque peuple occupoit
toûjours quelque partie de deux mois des autres. (*b*)
Ainsi chez les Atheniens un mois prenoit deux
jours de l'un des Lacedemoniens, & vingt-huit de
l'autre.

De sorte qu'on peut appliquer un mois d'un peuple à
deux d'un autre, sans erreur, si l'on ne determinoit
particulierement un jour.

Mais puis que nous disputons d'un mois observé
par les Atheniens, il faut examiner si leur année n'a
jamais receu de desordre; & ensuite nous verrons si je
me suis trompé d'avoir commencé le mois Anthesterion
à l'equinoxe du Printemps.

Il est constant que le premier établissement d'une année reguliere parmi les Atheniens, fut au Solstice
d'Hyver, & que lors le premier mois étoit Gamelion:
mais comme tous leurs mois étoient de trente jours,
il arrivoit après quelque temps, qu'il falloit ajoûter un
treisiéme mois à l'année, pour la rajuster avec le cours
du Soleil & de la Lune : (*c*) Outre les jours qu'ils
intercaloient & ce treiziéme mois qu'ils ajoûtoient,
étoit un double Posideon, parce que toute intercalation se faisoit ordinairement à la fin de l'année : si bien
qu'en telle année tous les mois étoient reculez les
uns sur les autres, & pour les appliquer aux nôtres,

H 3　　　　　　　　celui

<hr>

(*a*) *Scal. lib. de Period. Theb. Scal. ibid.*
(*b*) *Thucid. l. 5. initio.*
(*c*) *Scal. passim.*

celui qui conviendroit au mois de Mars selon l'ordre
de l'Année reguliere conviendroit au mois de Fevrier
en cette année de deux Pofideon.

Depuis, le commencement de l'année fut tranfporté aux folftices d'Eté, & le mois Hecatombeon qui
n'étoit que le feptiéme, devint le premier: ce qui met
déja de la confufion dans l'ordre ou fituation des
mois : & pour interpreter un Auteur qui parleroit du
trois ou quatriéme mois de l'année Attique, il faudroit
bien éplucher fi c'eft de l'année qui commençoit en Hyver, ou de celle qui commençoit en Eté : autrement
on n'en pourroit faire aucune jufte application avec un
des nôtres : joint qu'ils garderent enfemble ces deux
commencemens d'année, dont le premier qui étoit au
folftice d'Hyver, eft nommé par (*a*) Scaliger le naturel,
& l'autre civil ou populaire, comme les Hebreux comptoient l'année naturelle, de l'Automne, & la civile,
du Printemps.

Encore eft-il à remarquer, que dans ce changement
d'année, les mois étant toûjours de trente jours, il falloit de temps à autre, comme auparavant, faire une
année de treize mois, pour la racommoder avec le mouvement du Soleil & de la Lune; & lors il y avoit double Syrrophorion; d'où s'enfuit la même confufion par
cette retrogradation des mois, & la même difficulté de
les appliquer aux nôtres.

Tous ces defordres néanmoins ne font rien, à com-
paraifon de celui qui fuivit la Reformation de l'an de
Meton par Calippus : (*b*) Le principal foin des Grecs
étoit d'ajouter le mouvement du Soleil & de la Lune,
en

<hr>

(*a*) *Scal. l. 1. c. 8. de period. att. tale principium (à Gamelione)
nos naturale vocamus; alterum autem ab Hecatombeone populare dica-
tur; de quo & Plato de legib.*

*In anno Attico caput Hecatombeonis nunquam ante Solftitii veterem
epocham ftatuebatur unde* ἀφεταὶ ἡμέραι.

(*b*) *Eft confuetudo Siculorum cæterorumque Græcorum, quod fuos
dies menfefque congruere volunt cum Solis Lunæque rationibus. Cic.
in Verr.*

en telle forte que l'un n'excedât point l'autre (*a*) ; De là
vindrent les Tetraeterides Lunaires & Solaires : les Oc-
taeterides, foit l'ancienne de Cleoftrate, ou la recente
des Prytanées par Sarpalus ; les Enneadecaeterides de
Meton, & toutes les autres periodes dont ils fe font
fervis. Mais comme tout cela n'avoit pas reüffi, & que
l'on y trouvoit toujours quelque erreur, (*b*) Calippus y
mit la main, & fit la Periode qui porte fon nom, compofée de feptante & fix ans, au bout defquels il efti-
moit qu'il n'y avoit aucun excès, ni difference entre
le mouvement de la Lune & celui du Soleil : ce qui
ne s'accordoit pas néanmoins avec l'année vulgaire. Or
il voulut commencer cette periode en l'année qu'Alexandre Roi de Macedoine fe rendit Souverain de toute
l'Afie par la derniere defaite de Darius, qui arriva fur
la fin de Septembre, & d'où fut pris le compte des ans
d'Alexandre ; nom que les Syriens gardent encore,
bien qu'ils ayent changé l'année Macedonienne en la Julienne ; Mais Calippus, quoi qu'il eût établi fa periode
au premier an d'Alexandre, en differa néanmoins le
commencement de neuf mois entiers, afin de la mettre
à la premiere Lune d'après le Solftice d'Eté, & ne
point troubler l'année commune des Atheniens, dont
le premier mois étoit Hecatombeon (*c*) ; De forte que
les ans d'Alexandre, felon les Atheniens, avoient neuf
mois de difference avec ceux des Macedoniens : mais
peu à peu les Macedoniens ayant étendu leurs armes &
leurs victoires, communiquerent leur année telle qu'ils
l'obfervoient, à plufieurs peuples de l'Afie, de l'Afri-
que,

(*a*) *Scal. l. 1. c. 9. de period. Iphit.   Scal. l. 1. c. 7. & l. 2. c. 2.*

(*b*) *Neomenia Metonica & Calippica aliquando Neomenias Tetraete-*
ridum anteverlunt menfe integro ut ex Demipho probatur. Scal. l. 2.
c. 3. de Ann. Meton.   Quod autem Graci fe animadverterint unquam
uti periodo annorum 76. id neque ego puto, neque fane verum erat, nam
per octaeteridas tantum negotium tranfigebant. Scal. L. 1. de Period. Iph.
Olymp. Jofeph.

(*c*) *Scal. & Gordon. cap. 19. Chronol.*

que, de l'Europe, & même aux Atheniens, lesquels
par ce moyen la commencerent à l'équinoxe d'Automnne: & pour le faire, ils transporterent tous les mois,
en telle sorte que l'Hecatombeon demeuroit bien le
premier mois de L'année : mais il commença à (*a*) l'équinoxe d'Automne, au lieu que c'étoit auparavant le
Pyanepsion, & ainsi des autres. Supputation qu'ils observoient pour toutes les magistratures, & tous les actes
de justice : & on le connoît par le decret qu'ils firent
en faveur (*b*) d'Hircanus, par le rescrit d'Antiochus en
faveur des Samaritains, par trois Eclipses, dont (*c*) Ptolemée fait mention, & par plusieurs autres endroits des
Auteurs: Changement bien étrange, mais qui fait voir
clairement combien il est mal-aisé d'appliquer les mois
de l'année Attique avec les nôtres, puis qu'en si peu de
temps, & que l'on ne sauroit même marquer precisément, ils ont été transportez, en sorte que chacun
d'eux se trouvoit avancé de trois mois dans l'année, &
qu'ils passoient entierement d'une saison à l'autre. Car
il est certain qu'un Auteur qui descriroit une action arrivée au mois Hecatombeon, ne pourroit être bien
expliqué, si d'ailleurs on ne tiroit quelque lumiere de
sa pensée ; ce mois pouvant être rapporté devant ce
changement à Juin & Juillet, & depuis à Septembre &
Octobre.

(*d*) Davantage les Atheniens avoient dès long-temps
une année particuliere aux Magistrats, & dont le peuple ne se servoit point : elle étoit composée de douze
mois Lunaires, faisant trois cent cinquante quatre jours,
durant lesquels les cinquante Juges de chaque tribu presidoient tour à tour dans l'Areopage, employant ainsi
trois cent cinquante jours pour les dix tribus; & les
quatre

(a) *Inde Hecatombeoni Autumnalis. Scal. l. 1. c. de per. Macedon. &*
alibi. Scal. l. 2. c. 4.
(b) *Joseph.*
(c) *Almag. l. 4. c. 11. & l. 7. c. 3.*
(d) *Scal. l. 3. c. 1. Demost. orat.*

quatre restant de cette année Lunaire, étoient reservez
pour l'élection des Magistrats : ce qu'ils nommoient l'an
& les mois des Prytanées, du nom des Juges. Or cette
année ayant douze mois comme la vulgaire, de même
nom & en même ordre ; & étant plus courte d'onze
jours, il se trouvoit un notable dereglement entre elles,
& une grande confusion entre les mois. Car l'Hecatombeon de la Prytanée tomboit souvent dans le Syrrophio-
rion de l'an vulgaire, comme (a) Scaliger le collige aisement de Demosthene & de Thucydide ; & reculoit
ainsi tous les mois des Prytanées sur les precedens de
l'année commune, & d'autresfois il les avançoit sur les
suivans, comme il paroît aisement, à mon avis, par le
decret des Atheniens en faveur de Zenon ; où le dixiéme du Mæmacterion de l'an vulgaire, est le vingt-troi-
siéme de celui de l'an Prytanée ; car cela montre qu'en
cette année les mois de la Prytanée s'étoient avancez
de treize jours sur ceux de l'an vulgaire ; ce qui montre qu'un même mois avoit souvent deux noms, l'un
selon le compte des Magistrats, & l'autre selon le compte du peuple. D'où vient qu'en ce même endroit de
(b) Diogene, où les uns ont traduit Septembre pour
Mæmacterion, les autres ont mis Août, ayant peut-
être tous dit vrai, si nous entendons les uns de l'an vulgaire, & les autres de l'an Prytanée.

Or sans examiner plus particulierement cette matiere par une exacte supputation de la difference des ans
& des mois, par les intercalations, additions, soustrac-
tions ou sur-abondance de jours, ni par les autres mysterieux scrupules de la Chronologie, comme peu necessaires à nôtre sujet ; Il resulte de ce que nous avons
H 5

dit,

(a) *Scal. l. 2. c. 1. Demost. orat.* πρὸς Τιμόθεον & ἐν τῷ κατὰ
Μιδίαν μαιμακτηριῶνος δέκα τῇ ὑστέρα τρίτῃ ⓒ εἰκοστῇ τῆς πρυ-
τανείας. *Laert. lib. 7. in Zen.*

(b) C'est ainsi que l'ont entendu Frater Ambrosius qui a traduit Diogene, Bened. Brognolus, qui l'a revû & corrigé, Casaubon qui l'a commenté, & Henry Etienne qui l'a derechef veu
& repassé.

dit, que les Savans ont peu diversement appliquer les
mois des Grecs à ceux de l'année Julienne sans avoir
failli, & que les autres ont peu tomber en de notables
erreurs, qui ont été continuées, augmentées & multi-
pliées, non seulement par la negligence des Libraires,
mais encore par les mauvais Critiques, qui se mêlent de
corriger tout ce qu'ils n'entendent pas.

De ces changemens, qui sont arrivez dans l'année
des Grecs, & specialement des Atheniens, & des fautes que les Grammairiens ont faites par imprudence &
par ignorance, sont procedées, toutes les varietez, &
même les contradictions qui se lisent chez plusieurs Auteurs. De là vient que Suidas appelle Gamelion, Janvier, & qu'il donne ailleurs ce même nom au Mæmacterion, qu'il met le Munichion pour le second mois de
l'année, & ailleurs le Metagitnion.

Les Macedoniens & les Lacedemoniens, auparavant
le compte des ans d'Alexandre, commençoient les uns
& les autres leur année au solstice d'Eté, & néanmoins
(a) Plutarque raporte le mois de Loos, qui étoit le second des Macedoniens, à l'Hecatombeon, qui étoit
le premier des Atheniens, dont Gallien semble convenir en quelque endroit de ses écrits, & nous voyons
dans (b) Demosthene que le même Loos se rapporte au
Boedromion, qui étoit le troisiéme de l'année Attique,
ce qui semble une contradiction manifeste: (c) mais cela étoit arrivé par la retrogradation des mois, car Loos
s'étant reculé dans l'année Macedonienne par les intercalations, avoit joint son commencement avec la fin
de l'Hecatombeon, & d'autre part, le Boedromion
s'étant pareillement reculé dans l'année Attique, avoit
joint son commencement avec la fin de Loos. Ce qui
sert

(a) *In Alex.*
(b) *Demost. orat. περὶ Στεφάνε.*
(c) *Nimirum quod jam diximus eo anno propter Embolismum Loos
qui aliàs conveniebat in Augustum & Metagitniomem tunc incurrit forte Septembrem & Boedromionem. Scal. lib. I. c. 10.*

sert à concilier ces trois fameux Ecrivains avec *(a)* Eua-
grius & Suidas , qui ont interpreté le Loos des Macedoniens pour nôtre mois d'Août , parce qu'en prenant
l'année des Macedoniens dans sa plus grande regularité,
& selon l'ordre des mois , Loos qui en est le second
depuis le solstice d'Eté , convient à la fin de notre mois
de Juillet , & à la plus grande partie d'Août.

Harpocration veut que Mæmacterion soit le cinquiéme: mais c'est en commençant l'année au solstice d'Eté;
car en la commençant en Hiver il seroit l'onziéme , &
en Automne le deuxiéme.

Favorinus appelle Posideon Decembre , & le met le
sixiéme , au lieu que d'autres le mettront pour le dernier. en commençant l'année au solstice d'Hiver.

Alexandre ab Alex. Laurens Valle , & Junius appellent Elaphebolion Decembre , ce qui pourroit être , en
le mettant pour le troisiéme mois de l'année , &
transportant le Gamelion , comme le premier , à l'é-
quinoxe d'Automne , en quoi ces Auteurs ne s'accordent pas avec vous , qui le mettez pour le mois
de Février.

(b) L'interprete de Demosthene appelle Mæmacterion
Septembre , & Ulpien bien plus raisonnablement dans
ses Commentaires en fait un mois d'Hyver , durant lequel , contre l'ordinaire , les Atheniens avoient monté
sur mer : & Wolfius en ce même lieu prend Hecatombeon , Metagitnion , & Boedromion , trois mois qui
s'entresuivent chez Demosthene , pour Janvier , Février & Mars , ayant sans doute ouï dire qu'ils étoient
les trois premiers mois de l'année Attique : mais en
ayant mal à propos transporté le commencement de
cette année du solstice d'Eté à celui d'Hyver , où il
avoit été autrefois : Et ce qui est à la marge, Avril,
May, Juin est encore moins raisonnable, cette application de mois n'ayant aucun fondement : car Heca-

tombeon

<hr>

(a) Hist. Eccl. lib. 4. c. 19.
(b) Olynt. 3.

tombeon étoit le premier mois de l'année Attique, & jamais elle n'a commencé à l'équinoxe du Printemps.

Delà vient aussi que l'interprete de (*a*) Plutarque a pris le Thargelion pour Février, & (*b*) Reusnerus aussi bien qu'Erasme, pour le mois de Mai , ce qui est plus veritable, car il lui convient en la plus grande partie, & (*c*) Adrianus Junius ne contredit point en cela , qui l'applique à celui d'Avril, bien qu'ils different d'un mois en l'établissement de la fête des Bendidies au dixneuviéme du Thargelion.

(*d*) Saint Epiphane met la naissance de Jesus-Christ au sixiéme de Mæmacterion, ayant à mon avis, commencé l'année à l'Equinoxe d'Automne, depuis que l'Hecatombeon y fut transporté.

Le même Pere écrit que ce mystere arriva l'onziéme du mois Tibi, selon les Ægyptiens, qui devoit partant commencer environ le dixiéme de notre mois de Decembre , & néanmoins (*e*) Ptolomée rapporte une observation faite par Timochares en l'an 36. de la premiere Periode Callipique le 5. jour de Tibi , le Soleil étant au 15. degré des Poissons, c'est-à-dire, environ le cinquiéme de notre mois de Mars ; de sorte que selon ce calcul, ce mois Tibi se commençoit lors avec le même mois de Mars : En quoi ces deux Auteurs sont bien differens : mais je ne dois pas obmettre qu'en cet endroit de (*f*) Ptolomée , nous lisons que ce quinziéme degré des Poissons où étoit le Soleil lors de cette observation , convenoit au quinziéme jour du mois Elaphebolion, & qu'ainsi ce mois Athenien comprenoit depuis le vingtiéme de Fevrier jusqu'au vingt-un

de

<hr>

(*a*) *In Camillo.*

(*b*) *In prov. Apatur. in gloss. Reusn. in auct. Calend. Att. & Rom.*

(*c*) *Adrian. in fast. Proclus in Tim. comm. 1.*

(*d*) *Cont. Hær. Alog.*

(*e*) *Lib. 7. c. 3.*

de Mars : ce qui montre en paſſant de (*a*) combien vous
vous êtes abuſé, d'avoir dit que ce mois Elaphebolion
tient de Mars & d'Avril ; car il tenoit lors de Fevrier
& de Mars.

Telle eſt la contradiction qui ſe trouve entre le même (*b*) Ptolomée & Euſebe, car le premier faiſant
mention après Hipparchus d'une Eclipſe de Lune obſervée à Babylone, ſous la Magiſtrature de Phanoſtrat
en l'an 366. de Nabonaſſar, le Soleil étant au 22. des
Jumeaux, dit que c'étoit le 25. du mois Phamenot des
Egyptiens, & dans le Syrrophorion des Atheniens, ce
que le P. Petau dit, & fort bien, être arrivé le 18. de
Juin, & Euſebe met le 26. de Phamenot au onziéme
des Calendes d'Avril, c'eſt-à-dire environ le 21. Mars,
trois mois plûtôt.

Nous liſons une autre difficulté bien notable dans le
même (*c*) Ptolomée ; car rapportant une obſervation
faite par Timochares l'an 46. de la premiere periode de
Calippus, le Soleil étant au 15. degré du Scorpion, il
dit que ce fut le 7. du mois Thoth des Egyptiens, & le
25. du Pianepſion des Atheniens, & ailleurs parlant
d'une Eclipſe de Lune, obſervée par (*d*) Hypparcus,
ſous la Magiſtrature d'Evander l'an 367. de Nabonaſſar,
le Soleil tenant le 17. du Sagittaire, on lit que ce fut
le 17. du mois de Thoth des Egyptiens, & au premier
Poſideon des Atheniens. En quoi nous voyons qu'il
applique le mois de Thoth à deux divers ſignes du Zo-
diaque, & (*e*) à deux divers mois des Atheniens, dont
ni les ſignes ni les mois ne s'entreſuivent, outre que le
mois de Thoth étoit le premier de l'année Egyptienne,
qui commençoit au lever de la Canicule, le Soleil entrant au Lyon, c'eſt-à-dire, à la fin de notre mois de
Juillet, ce qui montre encore l'erreur de Theon inter-

prete

(a) *Pag. 15. ed. 2. p. 51.*
(b) *Ptol. lib. 4. cap. ult.*
(c) *Lib. 7. c. 3.*
(d) *Lib. 4. c. ult.*
(e) *Scal. l. 3. c. 2. de ann. Ægypt.*

prete d'Aratus, qui nomme Thoth le Septembre des
Romains, si ce n'est peut-être qu'on allegue, que la
nouvelle Lune d'après le lever de la canicule s'éloig-
nant un peu, feroit comprendre quelques jours de
Septembre dans le mois de Thoth. D'où certes nous
devons conjecturer que non seulement il y a de grandes
fautes au nombre dans les livres de Ptolomée, comme
l'a remarqué (*a*) Scaliger: mais encore aux noms des
mois tant des Grecs que des Egyptiens, ainsi que Gau-
ricus même nous en avertit dans une addition qu'il
a faite à la traduction de Georges de Trebisonde : ce
que l'on doit dire aussi d'Alexandre & de Junius
Adrianus, si l'on ne veut croire que la confusion &
l'erreur qui se trouvent dans leurs écrits aux mois des
Anciens, sont des effets de leur ignorance, & non pas
de la negligence des Imprimeurs; ce qui est aussi arrivé à (*a*) Plutarque en plusieurs endroits.

Mais je craindrois enfin de me rendre ennuyeux
par une trop longue deduction des incertitudes, des
contradictions, & des fautes d'Auteurs & de Libraires
touchant les mois des Atheniens. Le nombre en est
trop grand, la restitution trop difficile, & l'explication
chargée de plusieurs discours épineux & de peu de satisfaction; veu même qu'il n'y a presque aucun mois
de leur année, qui ne reçoive plusieurs opinions dont
chacune a ses Partisans, que l'on n'oseroit absolument
dementir, sans quelque soupçon de temerité.

Toutes ces observations nous serviront seulement
pour faire cette reflexion très-importante, que quand
on veut appliquer au mois de l'année Julienne un mois
de l'année de quelqu'autre peuple, il faut premierement
considerer si l'Auteur nous en a donné le jour, (*b*) car
si nous

(*a*) *In his Plutarchum sibi non constare, ut plurimùm animadvertimus.
Nam. &c. Scal. l. 1. cap. de Period. Theban.*

(*b*) *Efficiunt hæ appellationes variæ præsertim cum accedant anni etiam
varia rationes, ne possint facile externarum nationum menses cum nostris
componi ac committi, ut tamen hoc assequaris & ut mensibus Græcorum
reperiatur respondens mensis Romanus : si quando res Historica id postu-
labit.*

si nous ne l'avons point, ce rapport ne peut être bien
asseuré , tous ces mois ne convenant jamais entierement, & si le jour en est écrit, il faut bien examiner
(principalement pour la Grece) quelle année l'Auteur
aura suivie : si c'est celle des Macedoniens , ou des Lacedemoniens, ou des Thebains , ou des Atheniens, ou
de quelque autre nation. Il faut encore bien remarquer en quelle periode, & en quel endroit de la periode tomboit cette année , si en celui des Olympiades,
ou des Tetraeterides d'Athenes, de Delphe & de Thebes , & si dans la periode de Calippus , & quel étoit le
commencement de cette année , sur tout chez les
Atheniens; si au solstice d'Hyver, si au solstice d'Eté,
si à l'equinoxe d'Automne, & encore si c'est l'année
vulguaire , ou des Prytanées , & si c'est devant ou
après le transport qui fut fait des mois pour convenir
avec les Macedoniens au compte des ans d'Alexandre;
& même si dans cette année il y avoit des jours
sur-abondans, ou quelque intercalation de jours ou de
mois, & après toutes ces meditations on pourra faire
cette application , peut-être juste ; je dis peut-être , d'autant que s'il y avoit la moindre faute au nombre ,
au jour, au mois, ou à l'année dans l'Auteur , ou quelque petite erreur au calcul que l'on en auroit fait ,
le méconte en seroit plus grand que l'on ne se peut
imaginer.

Quand donc j'ai voulu rapporter le mois Anthesterion à l'un des notres, ce n'a pas été sans une longue
& curieuse recherche des divers sentimens des Auteurs,
& des doutes que l'on y pouvoit former : mais a-
près tout, m'étant remis à l'esprit que l'action dont je
cherchois le temps, étoit inventée par Terence, & que
partant elle ne m'attachoit point à certaine année
plûtôt qu'à une autre , j'ai rejetté toutes ces penibles

&

*labit, illud expende ; annus qui notatur Olympicus , sive Atticus , aut
Macedonicus , an inquam sit conveniens , an vero Embolimæus ; quæ pars
deinde tetraeteridis notetur : quod fuerit Olympici anni tunc initium, &c.
Gordon. cap. 17. num. 12. Chronol. ad Period. 18. & cap. 19. num. 26.*

& fcrupuleufes confiderations d'années & de periodes, d'intercalation & retrogradation de mois, & j'ai
penfé qu'il me falloit prendre une année reguliere, afin
de voir les mois des Atheniens dans leur premiere &
veritable fituation, & de les appliquer aux notres, comme s'ils euffent été fermes & arretez parmi les Atheniens, ainfi que parmi nous.

Pour cela, je n'ai pas pris l'année qui commençoit
au folftice d'Hyver, parce qu'au temps de Terence
elle n'étoit plus en ufage à Athenes, encore que cela
m'eût été indifferent.   Auffi n'ai-je pas voulu prendre
les ans d'Alexandre, felon que les mois étoient rangez,
après que les Atheniens eurent tranfporté leur Hecatombeon à l'Equinoxe d'Automne, (*a*) encore qu'ils
fuffent pratiquez dès long-temps auparavant notre Poëte, parce que cette forme d'année n'avoit point paffé
parmi le peuple, non plus que celle des Prytannées, au
lieu de laquelle celle-là eft demeurée aux Magiftrats
qui s'en fervoient, comme d'une marque de leur fub-
jeĉtion envers les Princes de Macedoine.   Outre qu'é-
tant queftion du temps de la celebration d'une fête,
j'ai confideré que les fêtes n'avoient pas été tranfportées
avec les mois, & qu'elles étoient demeurées dans
leur premiere faifon.   Et neantmoins fi par une fubtilité pareille aux votres, & de mauvaife foi, j'avois
fuivi les mois de ces années d'Alexandre, j'aurois montré très-avantageufement à mon deffein, qu'Anthefterion tomboit dans le mois Juin : Mais j'ai pris l'année
vulgaire commençant au folftice d'Eté, & la premiere
d'une periode, comme la mieux reglée, & dont Hecatombeon étoit le premier mois, qui partant contenoit la fin de notre mois de Juin, & la plus grande
partie de Juillet : puis en remontant je trouve certainement par les témoignages d'Ariftote, de Plutarque, de (*b*) Theophrafte, d'Efchine & de Pline, que
le

(*a*) *Scal. l. 1. c. de per. Maced.*
(*b*) *Theophraft. hift. Plant. l. 4. c. 18. & cap. 12. Plin. l. 17. c.
24. Æfchin. adu. Ctefiph. Plut. in Agefil. Arift. lib. 5. cap. 17.*

le Syrrophorion comme dernier mois de l'année precedoit Hecatombeon, & que devant le Syrrophorion étoit le Thargelion sous les signes des Jumeaux & du Taureau, & qu'ainsi l'un occupoit la plus grande partie de Juin, & la fin de Mai, & l'autre la plus grande partie de Mai avec la fin d'Avril.

Et à l'égard d'Anthesterion, je trouvois bien par les autoritez de Plutarque & d'Appian que vous alleguez, qu'il tomboit dans le mois de Mars : mais comme les mois des Atheniens tiennent regulierement à deux de l'année Julienne ; Je ne pouvois bien determiner s'il les falloit commencer à la fin de Février, en lui donnant une partie de Mars jusqu'à l'equinoxe, ou à la fin de Mars, en lui donnant Avril jusqu'au Thargelion.

Mais (a) Macrobe a resolu ce doute par un passage, qui ne reçoit point de scrupule, ni de contestation ; car il écrit que le mois d'Anthesterion des Atheniens est le mois d'Avril des Romains, & que ceux-là lui ont donné son nom des Fleurs, qui lors paroissent de tous côtez sur la terre, comme ceux-ci l'ont nommé du mot Latin qui signifie ouvrir, parce que lors la terre ouvre son sein pour nous faire present de ses Fleurs, & aussi (b) Alexandre rapporte ce même Anthesterion au mois d'Avril.

Après quoi, je n'estime pas qu'il y ait lieu de me dementir si hardiment que vous faites, quand j'ai posé le mois d'Anthesterion à la fin de Mars, & au commencement d'Avril. L'Auteur qui m'a donné ce sentiment, est un des plus curieux de l'antiquité, dans la recherche des temps & des fêtes Grecques & Romaines, & je m'asseure que toutes les personnes bien sensées auront plus de creance en ses paroles qu'en ce que vous en avez dit incertainement & à la legere, en partageant le different, ce sont vos termes, comme

s'il

_____

(a) *Lib.* 1. *c.* 12.
(b) *Lib.* 3. *c.* 24. *Anthesterion Aprilis.*

s'il étoit question de faire une cotte-mal-taillée sur un compte d'Apothicaire, ce qui montre que vous n'avez eu aucune connoissance de cette difficulté, ni assez d'asseurance pour prendre parti dans les diverses opinions des Auteurs.

Mais pour n'en pas demeurer aux simples termes de ces deux Auteurs, voici des raisons qui ne peuvent avoir de réplique. Premierement la fête de Pythægia étoit celebrée l'onziéme d'Anthesterion, cela n'est pas contesté, & cette fête en laquelle l'on ouvroit les vins nouveaux, n'étoit point celebrée dans Athenes, que le vent Favonius ne fût passé. (a) Plutarque l'écrit formellement : & la raison qu'il en rend, est, que dans la Grece ce vent gâtoit les vins quand on les mettoit plûtôt en perce. Or (b) le vent Favonius est le vent qui commence le Printemps, & souffle au moins jusqu'au 80ᵐᵉ. jour depuis le solstice d'hyuer, c'est-à-dire, dix jours ou environ devant l'equinoxe. Nous en avons les témoignages de Pline & (c) d'Horace, & partant l'onziéme d'Anthesterion, auquel étoit celebrée cette fête, étoit regulierement après l'equinoxe, c'est-à-dire, après le vingt-uniéme de Mars, & partant il faut que la plus grande partie du mois Anthesterion entre dans le mois d'Avril; & peut-être que les Romains ne convenoient pas mal avec les Grecs en la (d) celebration de la fête nommée Hilaria, qui étoit estimée le retour ou le commencement

des

(a) *Symposia. cap. 3. q. 7. & 8. q. ult.*

(b) *Favonium quidem ad. 7. cal. Martij. Chelidoniam vocant ab hirundinis visu; nonnulli vero ornithiam, uno & lxx. die post brumam ab adventu avium flantem per dies novem. Plut. l. 2. cap. 47.*

(c) *Solvitur acris hyems grata vice veris & Favoni, Trahuntque siccas machinæ carinas. Horat. lib. 1. od. 4.*

(d) *Macrob. lib. 1. cap. 21. Celebratur latitia exordium ad 8. Kal. Aprilis quem diem Hilaria appellant, quo primum tempore diem longiorem nocte protendit. περὶ ἀδολεσχ. τὴν θάλατίαν ἐκ Διονυσίων πλοῖμον εἶναι. &c. Ver aperit navigantibus maria. Plin. l. 2. cap. 47. Horat. loc. cit.*

des plaisirs, & laquelle se celebroit le lendemain de l'equinoxe, comme si la joie du monde ne commençoit qu'avec les grands jours.

Davantage les Atheniens ne montoient point sur mer qu'après les fêtes de Bacchus, dont Pythægia faisoit partie, ainsi que Theophraste nous apprend, quand il écrit que la mer s'ouvre incontinent apès les Dionysiaques. Or il est certain qu'ordinairement l'on ne monte point sur mer après l'equinoxe, & aussi dit-on que c'est le Printemps qui ouvre la mer; d'autant qu'auparavant, les vents sont trop violents, & les tempêtes trop longues, d'où s'ensuit que l'onziéme d'Anthesterion étoit après l'Equinoxe.

De plus ce mois étoit après l'Hyver, & un de ceux du Printemps, comme on voit clairement dans (a) Thucydide, Demosthene & Plutarque, & l'on sait bien que les anciens établissoient le Printemps comme nous à l'equinoxe, le Soleil entrant dans le signe du Belier. Car si (b) Pline a mis les quatre saisons entre les solstices & les equinoxes; c'est plûtôt par une ingenieuse division & populaire, que par un ordre d'Astronomie, voulant même que les Fleurs & les Papillons soient une preuve certaine du Printemps; donc Anthesterion doit regulierement occuper la fin de Mars,

&

(a) *Thuc. lib. 2. & 5. Demost. de Corona,* met en ce mois ἐαπτῆὰ πυλαίαν. *Sympos. loc. cit.* μετὰ χειμώνα.

(b) *Arborum flos est pleni veris indicium, & anni renascentis & gaudium arborum, l. 16. cap. 25. & florum prima ver nuntiantium viola alba, tepidioribus vero locis hyeme emicat. l. 21. c. 11. sunt qui certissimum veris indicium arbitrentur ob infirmitatem animalis, papilionis proventum, id eo ipso anno cum commentaremur hæc, notatum est proventum eorum ter repetito frigore extinctum, advenasque volucres ad 6. Kal. Feb spem veris attulisse, mox sævissima hyeme conflictas lib. 11. cap. 25.* d'où paroît qu'il entend le Printemps selon le sens du peuple, & non pas selon la verité de l'Astronomie. *Primus quadrans respondens tempori verno, initium sumit à primo gradu arietis, &c. Sole ingrediente signum arietis incipit Ver, &c. Clavius in Sphær. de sacr. Bos. & alii l. 2. c. 2.*

& la plus grande partie d'Avril, puis que le Thargelion & le Syrrophorion occupoient le reste du Printemps jusqu'au solstice d'Eté, comme nous avons montré ci-dessus. Ce ne sont pas là des imaginations recherchées, pout contredire les sentimens d'autrui : mais des raisons qui vous doivent convaincre, & détruire tous les artifices dont vous avez essaié de ruiner ou de cacher la verité.

Je sai bien que tous les Auteurs ne sont pas de mon avis, & si vous vous étiez contenté d'établir le votre, sans m'accuser d'ignorance, je vous aurois laissé libre en vos sentimens, & vous m'auriez espargné la peine de ce discours, parce que dans le dereglement de l'année Attique, dont les mois se reculoient quelquefois de telle sorte, qu'il en falloit ajoûter un treisiéme pour rejetter l'Hecatombeon à la nouvelle Lune d'après le solstice d'Eté, il se pouvoit faire qu'Anthesterion remontoit quelquefois, non seulement dans tout le mois de Mars, mais encore dans une partie de Février, comme en la 47. année de la seconde periode de Calippus, ainsi même que vous l'avez allegué, sans en savoir la cause.

L'opinion de Gaza que vous vous êtes amusé de contredire, est une faute trop rebatuë, & neantmoins Meursius que vous avez allegué comme extremement savant dans la celebration des fêtes de la Grece, est encore en cette mauvaise creance qu'Anthesterion est le mois de Novembre de l'année Julienne, & (a) d'Alechamp a suivi cet erreur dans sa traduction d'Athenée.

Pour ce qu'a dit un (b) Moderne, que le même mois est nommé par les Grecs Anthesterion & Thargelion, c'est que ces deux mois se suivent en l'année Attique, & qu'il les a considerez par application au mois d'Avril, dont chacun d'eux tient une partie.

Har-

(a) *Lib. 8. cap. 3.*
(b) *Joan. Bapt. Pius c. 65. an post.*

Harpocration le compte pour le huitiéme de l'année,
en quoi certes j'estime qu'il a failli, si ce n'est qu'il le
rapporte à notre Février dans quelque retrogradation
de mois, comme nous avons dit ci-dessus, en commençant l'année au solstice d'Eté.

Mais je n'ai pas dessein de m'arrêter à toutes les diversitez des Auteurs sur ce sujet, pour en découvrir la
cause, non pas même jà ce que nous trouvons dans
(a) Ptolomée, lors que rapportant une observation faite par Timochares, l'an 47. de la premiere periode de
Calippus, le Soleil étant au septiéme degré d'Aquarius,
il écrit que ce fut le huitiéme d'Anthesterion chez les
Atheniens, qui étoit le 29. d'Athyr chez les Egyptiens:
car pour voir combien ce passage est suspect de corrup-
tion, il ne faut que se souvenir que le mois d'Athyr
est le second de l'année Egyptienne, qui commence à
la Canicule, le Soleil entrant au Lion, & qui tient regulierement le mois d'Athyr sous le signe de la Vierge, environ notre mois de Septembre; car cet exemplaire est en cela manifestement vitieux, que l'Athyr
des Egyptiens est transporté de plus de six mois hors
son veritable lieu : nous pouvons bien croire que l'Anthesterion des Atheniens a passé aussi par erreur de la
saison du Printemps, où regulierement il est établi,
dans celle de l'Hyver, si ce n'est qu'on voulût dire que
les années de ces deux Nations se trouverent alors de-
reglées de telle sorte, & leurs mois tellement reculez
& confondus, comme il étoit assez ordinaire, que ceux
de l'Eté (b) d'Egypte s'étoient joints à ceux du Printemps d'Athenes, & rencontrez ensemble au milieu de
l'Hyver. Que si ceux qui rapportent Anthesterion au
mois de Janvier, comme le Pere (c) Gourdon, d'ailleurs

<hr>

(a) *Lib.* 7. *c.* 3.

(b) *Ægyptiis valde mobilia solstitia & æquinoctia, & mensis Thoth
suo in anteriora regressu modo in ver, modo in hyemem incidit, alios-
que menses Romanos* Gord. Chron. c. 10. & 19.

(c) *Cap.* 17. *Chronol. ad period.* 2.

leurs savant en Chronologie, ou au mois de Février, comme beaucoup d'autres n'ont point eu d'autre autorité que ce passage de Ptolomée, j'estime leur opinion mal établie ; car soit par le vice des exemplaires, dont nous avons dit que Scaliger corrige souvent les nombres, & dont Gaurique ne peut approuver l'ordre des mois, soit par la retrogradation & par la confusion des mois de l'année Athenienne & Egyptienne ; il n'y a point d'apparence d'admettre ces parolles pour un fondement asseuré. Il est bien plus raisonnable de s'arrêter à cette authorité de Macrobe & d'Alexandre, où nous ne voyons aucun lieu de douter qu'Anthesterion ne se doive appliquer regulierement au mois d'Avril, & aux raisons qui nous prouvent clairement que l'onziéme de ce mois étoit après l'equinoxe, puis que la fête que l'on y celebroit, n'étoit qu'après le vent Favonius, puisque cette même fête tomboit au temps que l'on commençoit à monter sur mer, & puisque c'étoit un mois du Printemps qui ne pouvoit commencer plûtôt.

CHAPITRE XV.

De l'usage de ces mots travail & travailler.

PAROLES DE Mr. MENAGE.

(a) *Que Menedeme travaille à la terre, il est très-certain, & je m'étonne que vous en ayez peu douter après ces paroles :* ne labora.

Replique de Monsieur l'Abbé d'Aubignac.

ENcore que j'aie resolu de ne me point arrêter à toutes les chicannes que vous faites sur l'intelligence de notre Comedie, en ayant suffisamment instruit mes Lecteurs dans mon discours, & encore que je croie qu'il n'y a point d'étude plus mal emploiée que sur des bagatelles de Grammaire & de mauvais Critiques, ou sur l'éclaircissement d'un Sophisme ; j'estime neantmoins être obligé de dire quelque chose de ce terme Latin, parce que vous le mettez pour fondement d'une illusion que vous faites à vos Lecteurs. Vous voulez que Menedeme travaille dans un champ (où neantmoins il n'est pas) parce que Chremes le voiant prêt de conter sa fortune lui dit, *Istos rastros interea depone, ne labora,* paroles qui ne veulent dire autre chose, sinon, quittez *ces rasteaux durant que vous m'entretiendrez de votre disgrace, & ne vous travaillez pas tant, ne vous tuez pas dessous un si pesant fardeau.* Car il n'est pas vrai que *laborare* signifie seulement *travailler,* comme vous

I 4

nous

nous le voulez subtilement persuader en cet endroit ; Tantôt il signifie, être travaillé, *Laborare podagra*, être travaillé de la goutte, & fort souvent chez les bons Auteurs, se peiner, ou travailler sous la pesanteur de quelque grand fardeau. Ainsi dans Virgile Ænée dit à son pere Anchise, en le voulant prendre sur ses épaules, (a) *ce travail*, c'est-à-dire, *cette charge ne m'incommodera point par son poids* ; Et (b) Horace parlant des jeunes femmes grosses, dit qu'elles peinent & travaillent beaucoup par la pesanteur de leur ventre ; Ainsi quand (c) Ovide parle que le monde doit un jour perir par le feu, il écrit que les fondemens en étant écroulez, cette grande machine travaillera beaucoup, pour dire qu'elle pesera sur elle-même ; & pour expliquer combien Atlas avoit de peine à soutenir le monde enflammé par la cheute de Phaeton, il dit qu'il travailloit sous ce fardeau ; Ainsi (d) Claudian fait que Ceres appelle sa fille, le travail de son ventre, pour dire le fardeau qu'elle y a porté ; & pour exprimer combien Encelade souffroit sous le Chariot de Pluton, qui lui passa sur la tête en sortant des Enfers pour venir en Sicile enlever Proserpine : Il dit que ce Geant (e) travailloit beaucoup sous le poids de cette Machine qui le pressoit. Je pourrois alleguer une infinité de semblables authoritez : mais je me contente de celles-ci, qui m'ont semblé des plus nobles, & par le nom des Poëtes dont elles sont tirées, & par les sujets dont ils parlent ; & capables de reparer en quelque sorte la bassesse de cette mauvaise contestation ; or c'est en ce même sens que Terence l'emploie ici, faisant dire à Chremes qu'il

(a) *Nec me labor. iste gravabit. Virg. Æn. 2.*

(b) *Laborant utero 1. carm. Horat.*

(c) *Ardeat, & mundi moles operosa laboret. Ovid. Metamorp. 1. Atlas en ipse laborat. Vixque suis humeris candentem sustinet axem. l. 2. Metam.*

(d) *Nostrosque uteri commendo labores. Claud. de rapt. Proserp. lib. 1.*

(e) *Pressaque gravi cervice laborat. lib. 2. de rapt. Proserp.*

qu'il n'étoit pas raisonnable que Menedeme eût toûjours sur ses épaules des rateaux si pesants, tandis qu'il
lui feroit un long discours de sa mauvaise fortune; &
je souffrirai toûjours volontiers que vous me reprochiez
d'avoir interpreté la langue Latine, selon l'intelligence
de Terence, d'Horace, d'Ovide, de Virgile & de Claudian.

CHAPITRE XVI.

De l'intelligence du Vespre, & de l'usage des Verbes Latins dits inchoatifs.

PAROLES DE Mʀ. MENAGE.

(a) *Vous voulez que* vesperascit, *signifie qu'il est nuit toute noire, qui ne signifie toutesfois rien autre chose dans tous les Auteurs, sinon qu'il se fait tard, que le crepuscule commence, que l'Etoile* Hesperus *s'en va paroître, qui est aussi-tôt après le Soleil couché, durant lequel temps il fait encore jour.*

Replique de Monsieur l'Abbé d'Aubignac.

JE ne sai pourquoi vous m'imputez une ignorance si grossiere dans une Langue, dont l'on fait les premieres occupations de tous les enfans qu'on veut appliquer à l'étude des Lettres, si ce n'est par le plaisir que vous prenez à choquer par tout la verité : & si j'avois dessein de venger ce reproche injurieux, je ferois voir aisément que vous avez même souvent peché contre la langue Françoise, & que votre réponse est remplie de plusieurs termes impropres, d'expressions assez basses, de rudes cacophonies, de periodes toutes déreglées, de cadances mal agréables, de parentheses à perte d'haleine, de constructions contre la Grammaire Françoise, & de longues obscuritez que l'on pourroit nommer de savants galimathias : mais craignant

que

(a) Pag. 36. ed. 2. p. 62.

que l'on n'attribuë ces remarques à quelque paſſion, ou qu'en effet la douceur de la vengeance ne me faſſe imaginer des fautes qui peut être ne ſont pas, j'aime mieux me juſtifier que de vous accuſer. Je ne veux pas faire une Invective pour une Apologie, & je ſouhaiterai plûtôt de plaire à mes Lecteurs par la ſincerité de mes ſentimens, que par les railleries que l'on pourroit faire ſur toutes ces obſervations.

Premierement donc il n'eſt pas veritable que j'aie dit que ce terme Latin, *veſperaſcit*, ſignifie en notre Langue, *il eſt noire nuit*, & j'appelle de votre malice à la ſimple lecture de mon diſcours : J'ai raporté ces paroles de Syrus, *Non oportuit relictas, portant quid rerum, aurum, veſtes, & veſperaſcit, & non noverunt viam*, & de toutes ces circonſtances, j'ai dit que l'on pouvoit juger *qu'il étoit non ſeulement nuit*, ce que le mot de *veſperaſcit* pouvoit ſignifier à la rigueur, mais *noire nuit, puiſque les femmes dont on parle en cet endroit, couroient grande fortune d'être volées, n'ayant point d'hommes pour les accompagner, & qu'il étoit ſi tard, qu'elles ne trouveroient perſonne pour demander le logis de Chremes qu'elles ne ſavoient pas.* Cette conſequence eſt à mon avis fort raiſonnable, & j'eſtime que le ſens-commun la doit recevoir, quand même il faudroit contrevenir aux regles de la Grammaire.

Mais ſuppoſons que Terence pour nous deſigner le temps, auquel il a mis ſes Acteurs ſur le Theatre, ait ſeulement emploié ce terme *veſperaſcit*, & qu'en le traduiſant mot à mot, je l'aie interpreté *il eſt noire nuit* : Vous auriez toûjours grand tort de me l'imputer comme une ignorance; Et je m'étonne que faiſant paroître en beaucoup d'occaſions une ſi grande memoire, vous aiez oublié en combien de façons differentes on le peut prendre, & combien de ſavans perſonnages l'entendent au ſens que vous condamnez. Il me fâche certes, d'entrer en une diſpute ſi legere, & à vrai dire, digne ſeulement des petits eſcholiers : mais puis qu'elle eſt neceſſaire, je m'efforcerai de la rendre en quelque

que façon convenable aux autres questions que je trait-
te , en y inserant quelques recherches curieuses , &
fondées sur des sciences plus nobles que la Grammaire.

Les Anciens ont distingué la derniere partie du jour
en plusieurs momens , dont j'en remarquerai seulement
six , pour ne me pas éloigner de mon sujet. (*a*) Le premier est ce qu'ils nommoient le Soleil couchant , puis
suivoit le dernier temps du jour , de là étoit le Vespre ,
ensuite le Crepuscule , après , la chandelle allumée , &
puis l'heure de se coucher : mais sans nous arrêter à
toutes ces subtiles distinctions , qui ne s'observent jamais dans le langage ordinaire , ni des Orateurs , ni des
Poëtes , il est constant que le Vespre , à prendre ce terme dans son origine & dans sa propre signification ,
est cette partie du jour naturel , où l'astre de Venus
nommé des Latins (*b*) Vesper , & des Grecs Hesperos ,
& du vulgaire l'Etoile des Bergers , paroît au Ciel
incontinent après le coucher du Soleil ; c'est une chose
triviale , & qui ne meritoit pas seulement une allegation.

Mais comme souvent la necessité de s'expliquer nous
oblige d'emprunter des mots , & d'emploier ceux qui
signifient les choses voisines de celles que nous voulons
anoncer , ou qui leur conviennent par quelque Ana-
logie , & de s'en servir même par Antiphrase , pour
exprimer des choses contraires , il se trouve en toutes
les Langues des termes si fort éloignez de leur source
par l'usage , & tellement déguisez , qu'ils ne sont presque pas reconnoissables : Ainsi le mot de Paradis , qui
dans sa veritable signification , ne veut dire autre chose qu'un Jardin. nous represente maintenant le sejour
eternel des Bien-heureux , le Ciel Empirée , & la pos-
session

(*a*) *Tempus occiduum , mox suprema tempestas , deinde véspera , inde crepusculum , ab hoc tempore prima fax , deinde concubia seu concu-
bium. Gothof. in l. more ff. de fer.*

(*b*) *Ite domum satura , venit hesperus , ite capella. Virg. Egl. x.*

seffion de la fouveraine felicité : Martyr qui fignifie feulement un témoin , exprime maintenant un homme qui fouffre beaucoup : Demon qui deuroit fignifier un homme favant , eft mis communement pour un efprit d'enfer , s'il n'eft accompagné de quelque Eloge : Rythme dont nos anceftres fe fervoient pour exprimer le nombre ou la mefure des Vers felon fon origine & l'ufage des Grecs & des Latins , fignifie parmi nous la confonance de deux mots en leurs dernieres fyllabes , & le mot de Scene qui veut dire ombre , a paffé par tant de chofes concernant les Comedies qu'on joüoit autrefois à l'ombre des arbres , qu'enfin il eft venu jufqu'à fignifier la moindre partie d'une Comedie : Il n'y a point de Langues qui ne puiffe fournir une infinité de pareils exemples , & fur lefquels pourtant on ne fait pas toûjours autant de reflexion que l'on devroit. Ceuxlà neantmoins fuffiront, pour faciliter ce que je dois dire touchant ce mot de *Vefpre*, qui s'eft peu à peu tellement éloigné de fon origine , qu'un moderne ne feroit peut-être pas recevable , s'il l'avoit emploié le premier au fens de plufieurs Doctes de l'antiquité.   Je ne veux point ici me fervir de la liberté des Poëtes , & de l'empire qu'ils ont acquis au delà des limites de la Grammaire, pour foûtenir que Terence l'a pû mettre dans une intelligence bien plus étenduë , que la rigueur & la proprieté de fon étymologie ne lui pouvoit donner.   Je pretens avoir affez de quoi fatisfaire à mon deffein , par les interpretations des Savans , & la pratique du vulgaire , qui fait des loix en cette matiere.

Le temps que l'Eftoile de Venus demeure fur l'horifon après le coucher du Soleil , étant prefque tous les jours inegal , parce qu'elle n'en eft pas toûjours également éloignée , il eft impoffible de determiner combien le Vefpre doit durer au jufte , à le prendre à la rigueur.   Car lors qu'elle eft en conjonction avec le Soleil , ou du moins qu'elle paffe avec lui fous l'horifon , le Vefpre feroit de courte durée , ou pour mieux dire

ne

ne seroit point du tout. Et au contraire, lors qu'elle est en son plus grand éloignement, qui est de quarante-huit degrez, selon les Astronomes, ou de soixante, si l'on en croit (*a*) Ciceron, le Vespre seroit bien long, & dureroit près de deux heures, & c'est en cette saison qu'on nomme cette Estoille *Solis Æmulam*, parce que le Soleil étant déja bien loin sous l'horison, la lumiere de cette Estoille brille sensiblement sur la terre, & fait ombre. Encore pourroit-on dire que cette Estoille, durant la moitié de son cours, marchant devant le Soleil, & prevenant son retour sur l'horison, il n'y auroit point de Vespre, parce qu'elle ne paroît point le soir, aussi n'a-t'elle plus lors le nom de Vesper ni d'Hesperos: mais bien de Phosphoros, Lucifer, l'Aube, l'Aurore, & l'Etoille du matin.

Or ce dereglement & cette inegalité qui se trouve dans la verité de la chose, a donné sujet au peuple, & ensuite aux Savans d'en emploier diversement le nom, ayant non seulement étendu le Vespre au delà du temps, que l'astre de Venus paroît sur l'horison en son plus grand éloignement du Soleil : mais encore l'ayant commencé long-temps auparavant qu'on l'apperçoive dans le Ciel, quand le Soleil se couche. Voici donc une partie de ces diversitez.

Les uns ont dit que le Vespre étoit proprement le moment auquel le Soleil passe sous l'horizon, ayant peut-être égard au temps que Vesper commence de paroître dans le Ciel : ce qu'Aben-Ezra nomme le Vespre du Soleil. Et c'est en ce sens que l'a pris (*b*) Saint Matthieu, quand il dit que le Vespre étant venu, on juge la serenité du lendemain par la rougeur du Ciel.

Les autres, que c'est le moment auquel les derniers traits de la lumiere viennent à s'éteindre; ayant peut-
être

(*a*) *Neque unquam ab sole duorum signorum intervallo longius discedit, tum antecedens tum subsequens.* Cic. de Nat. deorum. 2.

(*b*) *Facto vespere, dicitis serenum erit : rubicundum est enim cælum.* Matth. 16.

être confideré le temps auquel Vefper fe couche & difparoît; ce que nous appellons nuit-clofe, ou noire nuit, & que le même Aben-Ezra nomme le Vefpre de la lumiere: C'eft alors, (*a*) felon Virgile, que Vefper acheve le jour en fermant l'Olympe, c'eft à dire en emportant la derniere fplendeur qui nous rend vifible la partie fuperieure du monde. ce qu'il nomme ailleurs le Vefpre noir, & Stace le Vefpre (*b*) Opaque, c'eft à dire, qui ne laiffe venir aucune clarté jufques à nous. Et d'autres ont voulu que ce fût le temps qui fe paffe entre le coucher du Soleil, & les derniers traits de la lumiere, comme (*c*) S. Marc femble l'avoir entendu, quand il établit le Vefpre après le coucher du Soleil, ce qu'on appelle Crepufcule, Lycophos, ou entre-chien & loup, par ce que c'eft alors que les Loups commencent à fortir des bois pour chercher leur proye. Il femble que ces trois opinions devroient faire toute la difpute en cette matiere, & que la troifiéme la devroit decider, comme étant la plus raifonnable : mais (*d*) il y en a plufieurs qui commencent le Vefpre dès le milieu du temps d'entre le midi & le coucher du Soleil ; c'eft à dire, à neuf heures chez les Hebreux, les Atheniens & tous ceux qui fe fervent des heures inegales, & parmi nous à deux heures en Hyver, & à quatre heures en Eté: A quoi fe rapporte fort bien ce paffage de l'Ecriture, où nous voyons que le (*e*) Roi d'Ifraël mourut fur le Vefpre, devant le coucher du Soleil: même (*f*) Saint Ambroife dit qu'aucuns ont commencé le Vefpre incontinent après le midi. Auffi David Kimhi

(a) *Ante diem claufo componit Vefper Olympo. Æn. 1. Vefpere ab atro confurgunt venti. Æn. 5.*

(b) *Vefper Opacus. Lunares jam ducit equos. Theb. 10.*

(c) *Vefpera autem facto cum occidiffet fol. Marc. 1.*

(d) *Jofeph. l. 7. c. 17. de Bell. Jud. Corn. Janfenius Epifc. Gand. de conc. Euang. c. 143. Bulling. ferm. 4. dec. 5.*

(e) *Mortuus eft Vefpere, & antequam fol accumberet. 3 Reg. 22*

(f) *Lib. 7, c. 9. in Luc. Sic & Alphonfus Abul. Lyran. Dionyf. Charth.*

Kimhi veut que le premier Vespre contienne depuis midi jusqu'au coucher du Soleil : Et dans la (*a*) Genese où la Vulgate porte que Dieu vint dans le Paradis Terrestre après midi ; plusieurs exemplaires Latins que Saint Hierôme cite, & que saint Augustin a suivis, avoient sur le Vespre, & Aquila l'interprete durant le vent du jour, c'est-à-dire, selon les Hebreux, le vent qui souffle sur les côtes de la Palestine, entre le midi & le coucher du Soleil.

Il n'y a pas moins d'Auteurs qui portent le Vespre bien-avant dans la nuit ; les uns veulent qu'il occupe la premiere veille ; c'est-à-dire le premier quart d'une nuit entiere : ce que (*b*) Cesar & (*c*) Plaute appellent, à mon avis, le premier Vespre : (*d*) Aristophane a même nommé Vespre le temps de la nuit, auquel le Coq chante : Et communément les Hebreux qui n'ont connu les heures que bien tard, aussi bien que les Romains (*e*) appellent toute la nuit le Vespre, comme dans la Genese, où le Vespre & le matin comprennent la nuit & le jour : Aussi dans l'Ecriture Sainte, ce mot est souvent emploié en ce même sens, & (*f*) d'ordinaire le Vespre signifie la nuit obscure, & les tenebres les plus épaisses. Ainsi l'Evangile contant le temps d'une même action, a mis indifferemment le (*g*) Vespre & le grand matin, & dit (*h*) que les tenebres étoient encore

(*a*) *In plerisque codicibus Latinorum pro eo quod hic posuimus ad Vesperam, post meridiem habetur, &c. quod Aquila interpretatus est. ἐν τῷ ἀνέμῳ τῆς ἡμέρας. In vento diei, D. Hieron. Quæst. Hebra. in Genes. Hebrai autem ventum diei nominant qui post meridiem & ante Solis occasum in locis maritimis spirare solet. Per. in Gen. 38. Ambros. loc. cit.*

(b) *Lib. 1. de Bell. civil.*

(c) *In Curcul. act. 1.*

(d) *τὸν Ἀλεκτρυόνα δ' ὃς ἢ δ' ἐφ' ἑσπέρας. Vesp. act. 2. Sc. 1.*

(e) *Scal. l. 1. c. 2. Em.*

(*f*) *Hebrai solent non solum Vespertinum tempus sed totam noctem Vesperam appellare D. Thomas & Maldon. in Matth. 28.*

(g) *Vespere autem, &c. Matth. 28.*

(h) *Cum adhuc tenebræ essent. Joan. 20.*

re sur la terre : (*a*) Salomon parlant des jeunes débau-
chez qui vont chercher de nuit les femmes de mauvaise vie, met indifferemment, & comme termes synonimes l'obscurité, le Vespre & les tenebres de la nuit :
& nous lisons (*b*) d'Urie qu'après souper étant yvre, il
sortit au temps de Vespre pour se mettre au lit, ce qui
ne pouvoit être que dans la nuit fort avancée, puis que
c'étoit après avoir fait grande chere : comme aussi vo-
ions-nous que (*c*) Laban mena sa fille Lya dans la
chambre de Jacob, le jour de ses nôces, à la place de
Rachel au temps de Vespre ; ce qui ne peut signifier
autre chose que le milieu d'une nuit obscure, puis que
c'étoit après un grand festin, & que Jacob ne la re-
connut pas au visage : aussi n'a-t'on pas accoûtumé de
coucher les Epousées que bien tard. De même (*d*) ces
quatre Lepreux de l'Ecriture, qui vont au camp des
Siriens à l'heure de Vespre, reconnûrent qu'ils n'y é-
toient déja plus, & qu'ils s'étoient auparavant retirez à
la faveur des tenebres, par une terreur panique que
Dieu avoit épanduë dans toute leur armée : Et quand
il est dit que les (*e*) femmes d'Assuerus l'alloient trouver au lit à l'heure de Vespre, il faut entendre la nuit
après souper : Davantage (*f*) David distingue seulement
le jour en trois parties, & comprend toute la nuit depuis le soir jusqu'au matin, sous le nom de Vespre : Et
au lieu qu'en plusieurs endroits nous trouvons le matin
& le Vespre opposez, (*g*) Isaïe met le matin & la nuit ;
ces deux termes étant mis indistinctement l'un pour
l'au-

(*a*) *In obscuro advesperascente die, in noctis tenebris, & caligine.*
Prov. 7.

(*b*) *Inebriavit eum qui dormivit Vespere.* 2 *Reg.* 11.

(*c*) *Vocatis multis amicorum turbis ad convivium, fecit nuptias & Ves-*
pere Lyam introducit ad eum. Genes. 29.

(*d*) *Et fugerunt in tenebris, &c. surrexerunt ergo Vespere, &c.*
4 *Reg.* 7.

(*e*) *Et qua intraverat Vespere egrediebatur mane. Esther.*

(*f*) *Vespere mane & meridie, Psal.* 54.

(*g*) *Venit mane & nox. Isaïa* 21.

Tom. *III.*   **K**

l'autre (*a*) : comme auffi dans Jeremie, les ombres du Vefpre & la nuit fignifient le même temps : mais afin que vous ne difiés pas que ce foit un Latin de Breviaire (*b*) , le Jurifconfulte Pomponius que l'on ne peut pas accufer d'avoir mal entendu fa langue parlant des Quinque-virs , que l'on avoit établis dans Rome deçà & delà le Tybre , pour rendre juftice la nuit au lieu des Magiftrats , que l'on ne jugeoit pas à propos de faire courir la Ville durant les tenebres, s'eft fervi du mot de Vefpre , & où Juftinian a mis le Crepufcule du foir, (*c*) Duaren a traduit le Crepufcule du Vefpre , & (*d*) Gothefroi le Vefpre fimplement, ajoûtant que de ce mot, les Jurifconfultes ont conclu qu'un Juge peut faire fa charge , & rendre des jugemens en pleine nuit : Comme au contraire , où (*e*) Ciceron dit qu'il eft nuit, & qu'il faut fe recommander à Jupiter , le même Gothefroi entend l'heure de Vefpre.

Que fi nous paffons jufqu'aux belles penfées des Savans fur cette parole , nous aurons d'autant plus de fujet de nous confirmer en cette interpretation ; car s'il eft queftion de favoir comment l'on doit entendre ces paroles de Moyfe, que le vefpre & le matin firent un jour, (*f*) Toftat & Eugubinus nous apprendront que par le premier terme le Prophete a defigné les tenebres, dans lefquelles fut le monde auparavant que la lumiere fût créée , & qu'il a nommées le Vefpre , parce qu'il n'y avoit aucune lumiere : (*g*) Catharinus l'interprete

d'au-

(a) *Longiores facta funt umbra Vefperi, &c. Surgite & afcendamus in nocte. Jer. 5.*

(b) *Et quia magiftratibus Vefpertinis temporibus, in publicum effe inconveniens erat l, 2. ff. de orig. jur.*

(c) *είς δείλην όψίαν. Novell. 82. ad Vefpertinum Crepufculum Duaren.*

(d) *Vefpere Gothefr. ajoûtant , hinc colligunt nocte judicari poffe.*

(e) *Quoniam jam nox eft veneramini illum Jovem ex Orat. 3. in Catil. Gothof. in Ind. Vefpertina hora Jovi omnia commendare folebant.*

(f) *Toft. in Gen. Auguft. Eug. in Cofmop.*

(g) *Ambrof. Cathar. in Gen.*

d'autre sorte, mais toûjours avantageusement à nôtre
dessein ; car il dit que le Soleil commença d'éclairer nos
Antipodes, & qu'ainsi à l'égard de nôtre Hemisphere,
la nuit qu'il entend sous le nom de vespre, preceda le
jour : & quand S. (a) Augustin interprete la lumiere
pour la science des Saints, il dit que ce jour a son
Vespre & son matin, c'est à dire ses tenebres & sa splen-
deur, parce que la connoissance de la creature n'est
rien qu'une nuit, à comparaison de celle du Createur,
& elle devient toute resplendissante, quand on la rapporte à la gloire & à l'amour de Dieu: (b) S. Chryso-
logue a eu la même pensée, quand pour representer les
tenebres épouvantables du dernier jour, il assûre que
toute la clarté du monde y trouvera son Vespre, & que
dans la nuit des tentations qui accableront les mortels,
les phantômes des vanitez qu'il faut éviter, se multi-
plieront devant eux.

Et (c) Cæsarius entend par cette union de Vespre &
du matin, les ignorans destituez de toute lumiere in-
tellectuelle, reünis en Dieu par la charité avec les Savans, pleinement éclairez de toutes les belles connois-
sances.

Davantage quand (d) le Prophete Habacuc veut exprimer la fureur des Chaldéens, il les compare aux
loups *du Vespre* ou *des Vespres*, selon (e) Jeremie, parce
que

(a) *Fit tamen & Vespera diei hujus & mane aliquatenus, quoniam
scientia creatura in comparatione scientia creatoris quodammodo vesperascit, itemque lucescit & mane fit, cùm & ipsa refertur ad laudem
dilectionemque creatoris, nec in noctem vergitur ubi. &c.* D. Aug. de
Civit. lib. 11. c. 7.

(b) *Illa die qua tota claritas mundana lucis vesperascit, illa qua im-
minente tentationum nocte crebrescunt imagines fugienda vanitatum, &c.
Tempus extremum & hora novissima.* Chrys. serm. 22.

(c) *Dies naturalis lucem habet & tenebras unde factus est Vespere &
mane dies unus per charitatem enim idiota & litteratus aquantur, hinc
per Psalmistam dicitur. Et nox sicut dies illuminabitur.* Cas. Hisserb.
mon. Cist.

(d) *Velociores lupis Vespertinis.* 1.
(e) *Hieron. c. 5. Hebraa habent lupi Vesperarum.* Riber.

que durant les tenebres ils font très-dangereux par la faim qu'ils ont endurée tout le jour. Or (*a*) Virgile nous apprend que le temps de cette fureur des Loups *eſt la minuit*, & non pas le Crepuſcule, lors ſeulement qu'ils commencent à faire leur queſte. Pour cette raiſon Oppian nomme le Loup *aſſamé de nuit*, & *coureur de nuit*, & (*b*) S. Ambroiſe comparant les Heretiques à ces Loups du Veſpre, affamez & furieux, fait agir leur rage *durant la nuit*, & non pas durant une lumiere douteuſe.

Après toutes ces autoritez, vous trouverez ſans doute vous même bien étrange que vous m'ayez traité d'Ignorant, en m'impoſant d'avoir dit que *veſperaſcit* ſignifie *noire nuit*, puis que même quand il ſeroit vrai, j'aurois été dans les ſentimens de Virgile, de Stace & d'Aben-Ezra, qui mettent le Veſpre pour la nuit cloſe, & ſuivi Saint Ambroiſe, les Prophetes, les Euangeliſtes, Ceſar, Plaute, Pomponius, Ciceron, Gothefroi, Ariſtophane, Toſtat, Eugubin, Catharinus, Saint Auguſtin, Chryſologue, Ceſarius, & tant d'autres, qui tous ont étendu le Veſpre juſques dans les tenebres, & dans la plus grande & plus obſcure partie de la nuit.

Je demeure d'accord avec vous, que pour bien traduire de mot à mot *veſperaſcit*, il faudroit dire *il ſe fait tard*: & cela fait d'autant mieux connoître que je le pourrois interpreter en pluſieurs manieres bien differentes, ſans faillir contre la Grammaire; car cette façon de parler en nôtre Langue eſt tellement univerſelle, qu'elle n'exprime aucune partie du jour, & ſe determine ſeulement par le temps convenable aux affaires que l'on doit traiter. Ainſi diſons-nous qu'il ſe fait tard,
quand

(*a*) *At veluti pleno lupus inſidiatur ovili, cum fremit ad caulas, ventos perpeſſus & imbres, noćte ſuper media. Æn. 9.*
(b) *Nonne lupis iſtis haeretici comparandi ſunt? qui inſidiantur ovilibus Chriſti, fremunt circa caulas noćturno magis tempore quam diurne, &c. D. Ambr. in Luc. 10.*

quand un homme eſt en viſite loin de ſon quartier, &
qu'il doit craindre le ſerain ou les voleurs en ſe retirant
chez ſoi : Si l'on attend quelqu'un à ſouper, on dit, il
ſe fait tard, lors que le temps ordinaire du repas eſt
ſeulement paſſé d'une demi-heure ou environ : Puis
après le feſtin, quand il approche d'onze heures ou de
minuit, nous diſons encore qu'il ſe fait tard, ayant
égard à l'heure du coucher : Et ſi l'on joüe toute la
nuit, il eſt ordinaire pour ſe retirer, quand le jour approche de dire qu'il ſe fait bien tard : & même celui
qui veut partir de grand matin pour quelque voyage,
dira qu'il ſe fait bien tard, s'il voit que le Soleil ſe leve , avant qu'il parte : Et ce qui eſt plus remarquable, eſt que le temps ordinaire de dîner étant paſſé,
nous diſons à ceux qui attendent, qu'il ſe fait tard,
encore qu'il ne ſoit qu'une heure ou environ après
midi ; & c'eſt en cette derniere façon que le Veſpre ſe
doit entendre dans un endroit de l'Evangile aſſez notable : Nôtre Seigneur ayant un jour fait pluſieurs Mi-
racles dans le deſert, où ſept mille hommes l'avoient
ſuivi , (a) l'Evangeliſte dit que le Veſpre étant venu,
& l'heure étant paſſée, les Apôtres lui conſeilloient de
renvoyer tout ce peuple dans les villages voiſins pour
prendre leur repas : ce qui ne peut-être interpreté du
ſouper, parce que depuis ce temps Notre Seigneur fit
ce Miracle de la multiplication des cinq pains d'Orge &
des deux Poiſſons, qu'il fit paſſer de ſes douze Apôtres
en celles de tant de milliers d'hommes, qui s'étoient
même aſſis avec un grand ordre ; Les Apôtres ramaſ-
ferent le reſte de ces pains, dont ils emplirent douze
corbeilles, & puis il renvoya cette multitude dans les
lieux d'où elle étoit venuë : Toutes ces choſes ne ſe firent pas de nuit, & ne ſe peurent faire en peu de temps ;
ſi bien que l'heure du dîner étant paſſée , l'Evangeliſte
a dit que le Veſpre étoit venu, pour dire qu'il ſe faiſoit

(a) *Veſpere autem facto &c. hora jam præteriis, &c. emant ſibi eſ-
cas , &c. Matth. 14.*

soit tard. Mais la suite justifie bien encore l'équivoque de ce mot: car après toutes ces choses que nous avons rapportées, (a) l'Evangeliste repete encore une fois le même terme, & dit que Nôtre Seigneur se retira sur la Montagne, & que le Vespre étant venu, il se mit en priere, & qu'il étoit seul : ce qui ne pouvoit être que bien tard, & vrai-semblablement dans la nuit, veu qu'incontinent après il est dit que Nôtre Seigneur retourna vers les siens, marchant sur la mer environ la (b) quatriéme veille de la nuit, c'est-à-dire, entre les trois & les six heures du matin; ainsi le mot de Vespre comme le nôtre, *il se fait bien tard*, signifie communément non pas une heure determinée, mais un temps avancé dans lequel on doit faire quelque chose, soit de jour ou de nuit.

Mais pour ne rien obmettre au particulier de nôtre dispute, vous trouverez bon, s'il vous plaît, que j'ajoûte encore une raison & une autorité qui vous doivent satisfaire (c). Les Atheniens commençoient leur jour au coucher du Soleil comme les Hébreux, cela ne peut-être mis en doute, & je n'estime pas qu'il soit besoin d'en apporter aucun texte pour le prouver : Or considerez que dans cette Comedie de Terence Chremes dit dès la premiere Scene du premier Acte, (d) il est aujourd'hui parmi nous la fête de Bacchus; car cela fait voir que le Theatre n'ouvre qu'après le coucher du Soleil, puis que le jour de la fête étoit déja commencé. Et quand l'esclave Syrus dit en la seconde Scene du second Acte, *vesperascit*, il s'est passé depuis cette ouverture du Theatre un Acte entier, la moitié d'un Acte & un intervalle d'Actes, qui contiennent bien deux heures pour le moins : & partant il falloit qu'il fût lors nuit toute noire, parce qu'il ne reste
aucu-

(a) *Vespere autem facto solus erat ibi. Ibid.*
(b) *Quarta autem vigilia noctis venit. Ibid.*
(c) *Plin. l. 2. c. 77. A. Gell. Censor. Isd. & alii.*
(d) *Dionysia hic sunt hodie.*

aucune lumiere aux premiers jours d'Avril deux heures
après le Soleil couché, & moins encore selon vous,
qui mettez l'action de cette Comedie au mois de
Mars.

Quant à l'autorité que j'ai reservée pour la derniere
preuve de vôtre injuste reprehension, elle vous doit être
venerable, parce qu'elle est d'un excellent Grammairien, & d'un Commentateur assez ancien, pour passer
au sujet que nous traitons en qualité d'Auteur, & bien
plus raisonnablement pour la decision d'un fait de Grammaire, que vous n'avez écrit de Donat sur le sujet du
Theatre : c'est (a) Calphurnius dont je veux parler, lequel
ayant supplée le Commentaire de Donat sur cette Comedie de Terence, explique ces paroles de Syrus, *vesperascit*, tout ainsi que moi, & par les mêmes considerations, disant que la raison pour laquelle ces Esclaves ne devoient pas éloigner ces femmes qu'ils condui-
soient, est que l'on ne peut-être en seureté portant
quelque chose de nuit & dans un chemin que l'on
ne connoît pas : Après quoi j'estime qu'il n'est plus
necessaire de rien alleguer, & que je vous ai fer-
mé la bouche : car ce que vous ajoûtéz comme une
consideration importante touchant les verbes Latins ter-
minez en *sco*, c'est une chicanerie de Grammaire, qui
ne seroit pas seulement recevable parmi les Escoliers
des moyennes classes de nos Colleges, & qui témoigne
bien que vous avez plutôt écrit pour me faire injure,
que pour soûtenir des opinions raisonnables : Et vous
vous êtes trop efforcé de paroître habile-homme, pour
ignorer que ces Verbes de signification inchoative selon
les regles étroites de la Langue Latine, (b) sont indif-
ferem-

____

(a) *Et vesperascit & non noverunt viam, ibi Calph. Causa cur non
oportuit relictas : Quis enim tutus si quid portas & in nocte & in in-
certa itinere.*

(b) *Grammaticorum enim qua traditur differentia, usu Latine lo-
quentium repudiatur.*

feremment employez par les bons Auteurs pour leurs
primitifs, avec lefquels ils ont prefque tous leurs
temps communs : même d'ordinaire expriment-ils nos
fentimens avec plus de violence, & les actions dans un
état plus parfait : Auffi nôtre Poëte s'en eft-il fervi,
(a) quand il fait dire à Phædria par fon efclave, voyant
fa maîtreffe : approche de ce feu & tu brûleras outre
mefure ; C'eft par un femblable terme que (b) Columella nous parle des plantes qui feichent & flêtriffent entierement au Soleil & au vent, & que le (c) froment
perd toutes fes fleurs pendant huit jours, & prend toute fa grandeur en quarante. (d) Ciceron en a pareillement ufé, pour nous faire entendre que les yeux feichent bien-tôt, & fans qu'il y paroiffe, quand on pleu-
re les maux d'autrui. (e) Tacite encore pour exprimer
que les maux de l'Etat devenoient de jour en jour plus
infupportables : (f) Pline auffi parlant d'une certaine
bête des Alpes, dont le corps pourrit en un inftant auffi-tôt qu'elle eft morte. (g) Varron pour nous dire
avec quel foin les lievres peureux fe tiennent cachez tout
le long du jour : & une infinité d'autres qu'il feroit inutile & trop ennuyeux de deduire ; Il fuffit d'obferver
contre cette fauffe maxime de Grammaire, que ce même (b) Varron voulant expliquer le temps des premieres fleurs qui paroiffent dans les prairies, ne s'eft pas
contenté d'employer un verbe inchoatif : mais il en
ajoûte

(a) *Accede ad ignem hunc, jam calefces plus fatis, in Eunuch. Act.*
1. Sc. 1.

(b) *Et fole & vento pene ficcari atque exarefcere. Colum. l. 4.*

(c) *Octo diebus deflorefcit ac deinde grandefcit diebus quadraginta.*
lib. 2. c. 12.

(d) *Cito arefcit lachryma præfertim in alienis malis. In partit.*

(e) *Malis publicis in dies gravefcentibus. lib. 14.*

(f) *Et corpus occifa ftatim marefcit lib. 10. c. 48.*

(g) *Ubi interdiu lepores delitefcunt, in virgultis atque herbis. De re*
ruft. l. 3. c. 12.

(h) *Pratum aqua defedi debet, antequam florefcere incipiat, de*
re ruft. l. 1.

ajoute un autre , qui signifie precisément commencer ,
tant il est vrai que ces verbes ne signifient pas toûjours
le commencement d'une action : Mais il est temps de
s'élever à de plus nobles pensées , & de chercher les
moyens de delasser mes Lecteurs par des matieres plus
hautes & plus agreables.

CHAPITRE XVII.

*De l'unité du lieu necessaire à la regularité, &
vrai-semblance du Poëme dramatique, avec la
justification de quelques pieces des Anciens,
mal-à propos accusées par Mr. Menage.*

PAROLES DE M_R. MENAGE.

*(a) Ici vous me faites une objection qui est considerable,
si Menedeme étoit dans son Champ, il faudroit que le lieu
changeât en la Scene suivante, faute que Terence fort intelligent en son métier n'eut eu garde de faire ; cette objection dis-je est considerable, mais elle n'est pas sans réponse,
car cette unité du lieu n'a pas été observée par les Dramatiques si religieusement que vous pensez, &c.*

Replique de Monsieur l'Abbé d'Aubignac.

VOus avez bien jugé que toutes vos imaginations
contre cette Comedie de Terence, peuvent être
ruinées par cette seule objection : car si dès le commencement Menedeme a quitté son travail, qu'il rendoit
le plus long & le plus penible qu'il pouvoit pour se punir
soi-même de la rigueur dont il avoit usé contre son fils;
Il faut sans doute qu'elle commence bien tard après le
Soleil couché ; s'il étoit devant la porte de son logis
dans la ruë, quand il entretenoit Chremes, il ne travailloit pas dans son champ : s'il entre dans son logis
quand

____

(a) *Pag. 38. ed. 2. pag. 64.*

quand il laisse Chremes seul sur le Theatre, il falloit
qu'il fût devant la porte durant cet entretien; & si le
Poëte a bien observé comme ailleurs l'unité du lieu,
toutes ces consequences sont indubitables, d'autant
qu'en tout le reste de la Comedie, même du premier
Acte, tous les personnages ne paroissent point ailleurs,
que devant les logis de ces deux bons vieillards & de
leurs voisins : c'est pourquoi vous faites un grand effort pour montrer que les Anciens n'ont pas toûjours
gardé cette regle ; voions comment vous vous y prenez : En apportez-vous quelques raisons ? Non, les
subtilitez de votre esprit vous ont manqué, & le sac
des finesses s'est trouvé mal garni contre cette maxime. En apportez-vous quelques autoritez ? Non. Votre grande Lecture ne vous en a fourni que contre vous
même, & votre belle memoire n'a pas eu de quoi
vous rendre un meilleur office. En apportez-vous des
exemples ? Non, mais vous alleguez quatre Poëmes
des Anciens, en deux desquels vous vous êtes trompé
seul, & aux deux autres avec plusieurs.

(*a*) Le premier est l'Hercules Oetheus, dont vous
dites que la Scene *qui étoit au commencement dans la ville d'Eubée, est après sur le Promontoire Cœnée, & à la
fin à Trachyne.* Cette piece est fatale à votre jugement,
& tout ensemble à votre memoire. (*b*) Eubée est une
Isle de la mer Egée ou Archipelague, autresfois dite
Macris, & depuis communement Eubée, située le long
de la côte d'Achaie, depuis la ville de Chalcis jusqu'aux
Isles Lichades, où Lichas fut precipité par Hercule auprès de Trachyne; & si proche de la terre-ferme (dont
jadis elle fut detachée par les tempêtes) qu'elle y est
jointe

(a) *Pag.* 38. *ed.* 2. *p.* 64.
(b) *Eubæa & ipsa avulsa Bœtia tam modico interfluente Euripo
ut ponte jungatur, antea vocata est Chalcedontis, aut Macris, ut Dio-
nysius & Ephorus tradunt, ut Aristides Macra, ut Callidemus Chalcis,
ut Menæcmus Abantias, ut vulgo Poëta Asopis Plin. lib.* 4. *cap.* 12.
*Voiez l'Atl. de Hond. Mercat. Ortel. Bert. Ptolem. Isol. Fam. & les
autres.*

jointe par un pont bâti fur la mer, & qui lui donne en-core à prefent le nom de Negroponte chez les Italiens, au lieu que les Turcs l'appellent Egripos, de l'ancien mot Euripe, ce fameux détroit où la mer a fon flus & reflus fept fois le jour ; & pour la ville d'Eubée il nous refte bien quelques memoires parmi les fables de l'antiquité, que dans cette Ifle il y en eut autrefois une de même nom : Mais Strabon écrit qu'elle fut il y a long-temps abimée, & l'on n'en fait pas même la fituation. Si elle fut jamais au monde, il faut que la ruine en foit arrivée bien avant dans les fiecles in-connus, & devant l'âge d'Hercule ; car dans l'hiftoire de ce Heros que (a) Gyraldus a compofée, de tout ce qu'il en a pû recueillir chez les bons Auteurs, il ne fe trouve point qu'il y ait jamais entré ; elle n'y eft pas feulement nommée. Auffi dans cette Tragedie de fa mort, le Poëte bien loin d'y mettre la Scene, il n'en a pas dit feulement une parole. (b) Il fait refou-dre à Hercule triomphant d'Oechalie, d'aller rendre graces à fon pere Jupiter au Temple du mont Cænée, & Hyllus contant à Dejanire l'effet prodigieux de la ro-be enchantée, nous apprend bien que fon pere y étoit devant les Autels quand il la lui rendit : mais de cette ville d'Eubée il n'y en a rien du tout. Prenez la pei-ne, s'il vous plait, de relire cette piece un peu plus exactement, je n'en veux point d'autre, & je me con-tente de m'écrier *Hercules tuam fidem* ! Hercule je m'en rapporte à toi. Vous devez donc remettre encore ce difcours parmi les fautes de l'Imprimeur, pour faire croire que vous avez voulu dire dans l'Ifle d'Eubée : mais quand cela feroit, vous n'auriez pas mieux ren-contré. Car la Scene de cette Tragedie eft toûjours à Trachyne devant le Palais d'Hercule, & jamais l'unité

du

(a) *Lil. Gyrald. In herc. fynt.*
(b) *Hic rupe celfa fulgent Templa Cenai Jovis, ut ftetit ad aras,*
&c. *Act. 3. Sc. 2.*

du lieu ne fut plus adroitement obfervée. (*a*) Il eft vrai
qu'après la premiere Scene , Hercule ayant difcouru
quelque temps hors de fon Palais avec Lichas & autres des
fiens, il leur commande de preparer les chofes necef-
faires pour un Sacrifice qu'il veut faire à Jupiter dans
le Temple bâti fur le Promontoire Cenée, maintenant
appellé Cap de Lithar, fitué à la pointe de cette Ifle,
vis-à-vis de Trachyne; & c'eft ce qui vous a fait faire
cette bevûë, ayant creu qu'il y étoit déja. (*b*) Dans la
feconde Scene du même Acte, Jole qui devient efclave par la guerre, entre dans ce Palais à Trachyne, a-
près avoir fait fes plaintes devant la porte : & au commencement du fecond (*c*), Dejanire en fort toute en
colere , n'y pouvant demeurer avec une Concubine ;
ce que la nourrice qui la devance, découvre bien a-
droitement : puis elle (*d*) refoud d'envoier à fon mari
dans le Temple de Jupiter le vêtement fatal que Ly-
chas lui porte , & elle rentre. (*e*) Au troifiéme, elle
fort toute effraiée de ce que le fang de Neffe dont elle
avoit frotté ce vêtement, s'étoit enflammé au Soleil,
& Hyllus la rencontre au dehors, lui conte l'effet de
fon prefent, & lui dit (*f*) qu'Hercule étoit déja fur mer
pour

(a) *Herc. Vos pecus capite ocius quâ Templa tollens ara Cenæi Jovis
Auftro timendum fpectat Euboicum mare. Act. 1. Scen. 2.*

(b) *Chor. Oechal. Ad Trachyna vocor rigentia faxa , &c. Jol. fed
jam dominæ tecta petantur Act. 1. fc. 2.*

(c) *Nut. O quam cruentus fæminas ftimulat dolor , cum patuit una
pellici & nupta domus. Sonuere poftes, Ecce præcipiti gradu fecreta men-
tis ora confufo exerit. Act. 2. Sc. 1.*

(d) *Dejan. Licha cape hos amictus & non ante induas conjux , quam
thure flammas fpargat & ipfe ad Penates regios greffus feram , Act. 2
fc. 2.*

(e) *Chor. Sed quid fertur rapido regina gradu , &c. Dejan. Natum
paventem cerno , &c. Hyl. nunc puppis illum littore Euboico refert.
Act. 3. Sc. 1. & 2.*

(f) *Chor. Sed quis non modicus fragor aures attonitas movet ? Eft eft
Herculeus. Alc. ubinam eft? reclinis ecce corde anhelanti. Herc. Hercu-
lem accipiat regno , & tu hoc trifte nobis , juvenis , officium appara.
Act. 4.*

pour revenir. Au quatriéme il arrive, criant devant
ſon Palais, où il tombe de douleur. Alcmene lui vient
à la rencontre, & Hyllus lui conte la mort de Dejanire : puis ayant veu les Cieux ouverts dans une extaſe,
il commande à Philoctete qu'il faſſe preparer ſon bucher où il s'en va. (*a*) Et au cinquiéme, Philoctete re-
venant au Palais, & trouvant à la porte la Nourriſſe de
Dejanire qui n'en avoit bougé, lui conte la mort d'Hercule, dont Alcmene apporte les cendres à la main, &
l'ayant veu monter au Ciel, elle entre dans le Palais
reſoluë de s'en retourner à Thebes. Tout le reſte ſe
fait bien à la verité en divers lieux ; car Dejanire voit
enflammer le ſang de Neſſe dans ſon appartement, Hercule ſacrifie au Temple de Jupiter Cæneen, Dejanire ſe tuë au dedans du Palais, & Hercule meurt aſſez loin de là. Mais tout cela ſe paſſe hors la vûë
des ſpectateurs, qui ne voient jamais les Acteurs que
devant le Palais de Trachine. C'eſt ainſi qu'il faut examiner les Poëmes Dramatiques, & non pas s'imaginer qu'un Auteur a failli contre la vrai-ſemblance &
l'unité du lieu, à cauſe que les perſonnages agiſſent en
divers lieux. Mais ce qui vous a fait errer en cette occaſion, c'eſt la confiance que vous avez priſe au (*b*)
Gloſſateur de Senecque, très-ſavant en beaucoup de
choſes anciennes, & fort peu en l'Art du Theatre. Car
après avoir leu & releu cette Tragedie pour en faire
les gloſes, il n'en a pas compris l'unité du lieu, & a
dit comme vous, que la Scene en eſt au commencement en l'Eubée, & après à Trachyne. Liſez donc
l'Original, & vous detrompez de l'injure que vous a-
vez faite à l'Auteur ſur la foi d'autrui.

Venons aux Grenoüilles d'Ariſtophane que vous accuſez d'un pareil defaut, en diſant que (*c*) *la Scene qui*
étoit

(a) *Chor. Læto venit ecce vultu Paas, Phil. mæstam intuor ſinu ge-
rentem reliquias magni Herculis Alc. Regna Thebarum petam Alt. 5.*

(b) *Scena hæc prima cum choro ſeq. in Eubœa ſtatuitur & reliqua
Tragedia Scena eſt Trachyn. Farnab. In Senec. Her. Oct. Alt. 1. Sc. 1.*

(c) *Pag. 40. ed. 2. p. 67.*

étoit au commencement devant la porte du logis d'Hercule, est après au port de Stix, & sur ce Fleuve, puis en suite dans les enfers, & en divers endroits. Vous n'avez pas bien remarqué quelle en est la disposition du Theatre, ou peut-être vous ne l'avez pas voulu dire; & j'en parle ainsi douteusement, n'ayant pas moins de crainte d'offenser votre esprit que votre sincerité. Car l'un est estimé de beaucoup de gens, & de l'autre vous en faites vous-même raillerie, principalement en cette dispute. Le Poëte suppose qu'Hercule avoit sa maison à l'un des côtez du Theatre, & que de l'autre étoit le Palais de Pluton, & entre les deux le Stix, dont le Poëte fait un Lac marécageux, & non pas une Riviere; afin que Xanthia qui n'entre point dans la barque de Charon avec Bacchus, puisse tourner vrai-semblablement tout à l'entour avec son Asne, pour reprendre son maître à l'autre bord. Et pour cet effet ils avoient anciennement leurs machines, nommées (*a*) Anapeismata, qui servoient à faire ainsi quelque navigation, ou à passer une Riviere. Et s'ils vouloient representer des gens sortant de l'eau, & montant sur la Scene comme sur le rivage, ils avoient dans l'Orchestre une autre machine nommée (*b*) Demyrond, qu'ils employoient entr'autres choses à ce dessein. Mais ce qu'il faut bien observer est, (*c*) que de la maison d'Hercule on decouvroit par dessus le Styx jusques aux portes du Palais de Pluton, où même Bacchus ayant veu quelques gens, Hercule lui dit que c'étoient des Initiez, ou Confreres de Ceres, qui demeuroient auprès de ce Palais, & dont il apprendroit ce qui lui étoit necessaire.

Cette

(a) τάδε ἀναπείσματα τὸ μέν ἐστιν ἐν τῇ σκηνῇ ὡς ποταμὸν ἀπελθεῖν. &c. *Jul. Pol. l. 4. cap. 19. sect. 2.*

(b) *Hemicyclum non in omnibus fabulis sed in quibus ad eum locum agebantur enantes è mari, ut in Rudente Plautina. Jul. Sc. Poët. l. 1. c. 21. & Poll. loc. cit.*

(c) Διον. ἤτοι δὲ δὴ τίνες εἰσὶν ἡρακλ. οἱ μεμνημένοι, &c. ἤτοι ἐγγύτατα περὶ αὐτὴν τὴν ὁδὸν ἐπὶ ταῖς τοῦ Πλούτωνος οἰκοῦσι θύραις.

Cette difpofition feroit peut-être bien refferrée, & de mauvaife grace fur nos Theatres qui font fort petits : mais fur les anciens qui avoient trente toifes de face chez les Romains, & quelque peu moins chez les Grecs, elle étoit fort magnifique ; & pour peu que la perfpective fecondât l'invention du Poëte, elle faifoit un bel effet, & une image bien conforme à la grandeur du lieu que l'on vouloit reprefenter. Sur fon Theatre, ainfi difpofé, voici comment Ariftophane fait joüer fa Comedie. (a) A la premiere Scene il fuppofe que Bacchus étant à pied, & fon valet Xanthia monté fur un afne, ayant déja fait beaucoup de chemin, arrivent devant la maifon d'Hercule où le valet met pied à terre. En la feconde, Bacchus bouffonne avec Hercule fur le fujet de fon voyage qu'il entreprenoit, pour faire revenir des enfers à Athenes quelques bons Poëtes, tous ceux de fon temps étant fort mal-habiles. Puis il lui demande le chemin pour aller au Palais de Pluton, & Hercule l'ayant remis aux Confreres de Ceres qu'il voyoit, & qui en étoient voifins, il s'embarque fur le Stix avec un mort, & Charon ne voulant pas recevoir Xanthia dans fa barque, fous pretexte qu'il n'avoit jamais affifté à aucune Bataille navalle, l'envoye tourner le marêts pour les retrouver de l'autre côté. Durant cette navigation les Grenoüilles qui donnent le nom à cette piece, (a) chantent leur ramage, & font un Dialogue affez ridicule avec Bacchus qui fe rencontre à bord incontinent, & apprend des Prêtres & des Confreres de Ceres qu'il étoit devant la porte du Palais de Pluton, où s'acheve le premier Acte, & enfuite les quatre autres fans aucun changement de lieu. Or vous avez dit vous mêmes que l'on peut prendre pour le lieu de la Scene autant d'étenduë que la veuë en peut decouvrir à la fois. (c) En quoi pourtant vous n'avez pas affez bien

expli-

(a) Διον. ἐγγὺς τῆς θύρας ἤδη βαδίζων εἰμί.
(b) Χορ. ἴσθ ἀπ᾽ αὐτὴν τὴν θύραν ἀφιγμέν(ος).
(c) Pag. 43. ed. 2. p. 69.

expliqué ce que je vous en ai dit, & vous deviez
tirer avantage de ma franchise ; puis que vous en vouliez faire un larcin. Car pour l'établissement du lieu
de la Scene, il faut deux choses que je deduirai plus
au long dans la Pratique du Theatre : La premiere
que l'espace en soit supposé tout ouvert dans la verité
de l'action, comme il est tout ouvert dans la representation. La seconde que l'étenduë n'en soit point supposée plus grande, que l'on ne puisse appercevoir distinctement un homme d'un bout à l'autre, encore
qu'on ne le reconnoisse pas asseurement, ce qui sert
bien souvent au jeu du Theatre, &c. A quoi se rap-
portoit fort bien la grandeur des Anciens ; car dans l'é-
loignement de vingt-cinq ou trente toises, on peut bien
veritablement douter quelle est la personne qui vient
à nous ou qui passe. Cela meriteroit bien d'être un peu
dechiffré, pour satisfaire aux Critiques du temps : mais
c'est assez pour vous faire entendre qu'Aristophane
ayant mis la Scene de cette Comedie dans un lieu découvert, & dont l'étenduë n'est pas si grande, qne Bacchus ne reconnoisse fort distinctement des hommes
d'un bout à l'autre, encore qu'il ne discerne pas bien
ce qu'ils font, a judicieusement pratiqué cette regle si
necessaire & si importante de l'unité du lieu, que vous
lui imputez d'avoir violée.

Mais vous avez bien moins d'excuse touchant le Curculion de Plaute, dont vous pretendez que la Scene
change de telle sorte, que *selon l'opinion de Heinsius,
d'Epidaure on passe à Rome, ou selon la votre on fait venir Rome dans Epidaure.* Ce que vous appellez une pro-
lepse ou une anticipation épouvantable. Mais cette
méprise me semble épouvantable. Je laisse à part ce
que l'on pourroit dire de cette figure contre votre sentiment, & je vous jure que je ne vous croi point capable de vous tromper ainsi, quand vous lirez bien un
Auteur, & que si vous n'aviez été preoccupé de la reputation de Heinsius, vous n'auriez jamais eu une si
mauvaise pensée en cette occasion ; Vous deviez bien,

ce me semble, vous deffier de ses opinions en cette matiere, après ce que vous avez dit de lui sur l'Amphitruon. Pour l'éclaircissement de ce point, il faut savoir que les Comédiens de Grece & d'Italie n'étoient pas comme les notres, une troupe de gens volontairement associez pour cet exercice, & tous presque aussi grands maitres les uns que les autres. (*a*) Il y avoit des personnes qui se rendoient Chefs de troupe, en tenant sous eux des esclaves capables de monter sur le Theatre, & qui en loüoient encore d'autres de condition, libre ou servile, selon qu'il étoit necessaire pour les pieces que l'on vouloit representer. Et il y avoit telle troupe, composée quelquesfois de quatre-vingt ou cent personnes, tous Acteurs ou suivants. Quelquefois le Chef étoit un excellent Acteur, comme on peut recueillir de ce que dit Ambivius Turpio, dans le prologue de notre Comedie, (*b*) *Que si les Poëtes faisoient quelque piece mal-aisée à representer, on avoit recours à lui, & qu'ils donnoient les faciles aux autres troupes.* Mais souvent ce Chef se nommoit Chorague; il avoit à lui & loüoit tous les ornements du Theatre, les vêtemens, les machines, & tout le reste dont on avoit besoin; & le lieu où il resserroit toutes ces choses, se nommoit aussi (*c*) Choragion. Il fournissoit aussi les personnages, comme on void chez Plutarque dans la vie de Phocion, il prenoit garde que chacun fit son devoir, & veilloit à ce que tout fut en bon ordre selon les intentions du Poëte. Et c'est peut-être celui que (*d*) le prologue du Pænulus ou Carthaginois nomme l'Empereur des Histrions, si d'aventure il ne parle du Herault public ou du principal Acteur.

Amiot

(*a*) *Vobis res vertat bene gregique huic & dominis atque conductoribus.* Prol. *Asin.* Plaut.

(*b*) *Si qua laboriosa est, ad me curritur, sin lenis est, ad alium defertur gregem.* Prol. *Heaut.*

(*c*) χορήγιον ὁ τόπος ᾧ ἡ παρασκεύη τοῦ χορηγοῦ. *Jul.* Poll. lib. 4. c. 15.

(*d*) *Audire jubet vos imperator histricus.* Prol. *Poen.*

Amiot dans Plutarque l'appelle le deffrayeur des Jeux,
parce qu'il fournissoit à tous les frais ; & j'estime qu'il
le faut nommer l'Entrepreneur, parce qu'il traitoit avec
la Republique, les Magistrats, ou les particuliers, pour
la dépense des Comédies, quand on en donnoit au
peuple, comme il se recueille bien clairement de (*a*)
Plaute. En quoi souvent chacun travailloit à l'envi,
pour rendre les representations plus illustres. Or ce
Chorague ou entrepreneur n'étoit pas toûjours muet,
encore qu'il ne fût jamais compté entre les Acteurs
des pieces dont il avoit la conduite ; car souvent en
arrivant au Theatre, ou à la fin de la Comédie, il passoit avec une partie de sa troupe sur la Scene ou le
Proscenion, & faisoit quelque discours concernant
son ministere & ses intérêts ; & quelquefois il parloit
dans les intervalles des Actes, principalement depuis que
les Chœurs furent ôtez à la nouvelle Comedie, &
debitoit en leur place avec plusieurs railleries les vices
& les sottises du peuple, ce qui retenoit quelque Image
de l'ancien Chœur, qui fut en certains temps d'une
seule personne & sans musique : mais ceux qui nous
ont donné ou restitué les Poëmes Dramatiques, ayant
été pour la plûpart ignorans au Theatre, ont mis dans
nos imprimez tous ces Discours du Chorague & de
sa troupe comme des Scenes, faisant partie de la piece, à cause qu'ils contiennent des choses qui semblent
avoir quelque rapport au sujet : & c'est où nous voyons
en titre (*b*) *la troupe*, quand il étoit suivi de la plûpart
de ses Gens, ou *le Chorague*, quand il étoit seul ; Nous
en avons des exemples dans Plaute en plusieurs endroits,
& qui m'ont certes bien donné de la peine à déchiffrer.

Le discours qui se fait dans le Curculion, & où vous
dites avec Heinsius qu'on a transporté une ville dans
l'autre, est de cette qualité ; c'est (*c*) le Chorague qui
le

le fait, & non pas un Acteur, & si vous prenez la peine de le relire, vous verrez bien que son nom y est en titre, qui parle des habits qu'il avoit loüez à prix d'argent, & qu'en attendant le retour des Acteurs de la Comedie (*a*, il dit qu'il veut faire savoir aux Spectateurs en quels lieux ils trouveront toute sorte de gens, dont ils pourroient avoir besoin, & ensuite il raille plaisamment des fourbes & des mechancetez qui se pratiquoient dans tous les quartiers de Rome, en toute sorte de conditions. (*b*) Ce que Jules Scaliger a remarqué fort judicieusement, & je m'étonne que vous ne l'ayez pas leu, ou que vous n'ayez pas été de son avis : si bien qu'il ne s'agit point ici du sujet de la Comedie, ni des finesses de Curculion, ni des amourettes de Phedrome son maître, ni de la reconnoissance de Planesie, ni de tout ce qui se representoit, comme arrivé dans la ville d'Epidaure, mais seulement d'une bouffonnerie particuliere de l'Entrepreneur du spectacle, qui divertit & fait rire le peuple Romain : Et si l'on joüoit cette Comedie dans Paris, il seroit ridicule d'y faire reciter ce discours du Chorague : mais il faudroit, ou l'ôter entierement, parce qu'il n'en fait point partie, ou faire cette raillerie des Parisiens, ausquels on parleroit, comme Plaute la fit des Romains en cette representation. En un mot ce discours du Chorague est la même chose dans le Curculion, que ceux de Belle-Roze & de Villiers, contre l'insolence des filoux & l'impatience du peuple, dans les pieces qu'ils representent, & si c'étoit une Scene qui changeât le lieu dans cette Comedie de Plaute, on pourroit dire qu'il arriveroit un pareil changement toutes les fois que nos Comédiens

à

(*a*) *Ornamenta qua locavi metuo ut possim recipere, &c. sed hic dum egreditur foras, commonstrabo quo in quemque hominem inveniatis loco.*

(*b*) *Fuit per initia Monoprosopos chorus in fabulis. Vnus enim quispiam prodibat civium vitia recensens idque sine cantu ; talis est apud Plautum Choragus in Gurgulione. Jul. Scal. Poët. l. 1. c. 9. & cap. 10. aliquando actores extra argumentum non solum in Choris & in Asellana, &c. hoc dicebatur exodion, &c.*

à la fin d'une piece, dont la Scene est dans Rome ou
dans Athenes, nous parlent de S. Germain, ou de
l'Hôtel de Richelieu sur leur Theatre, pour se concilier la bien-veillance & les applaudissemens des Parisiens. Nous avons d'autres exemples chez les Anciens,
comme dans Aristophane, où après tout le prologue
des Nuées, & le premier Acte même achevé, Aristophane qui étoit le Chorague, c'est-à-dire, Conducteur
du chœur (car ce mot signifie plusieurs choses chez Athenée) & partant déguisé en l'une des Nuées, qui portoient habits & visage de femmes, s'avise d'interrom-
pre le chant du chœur, pour rendre compte au peuple
d'Athene de ses Comedies, & là il parle de l'Electre
Tragedie qui avoit été joüée peu auparavant, de la Ma-
rique d'Eupolis, qui avoit corrompu les Chevaliers de
ce Comique, comme Hermippus avoit imité ses An-
guilles pour mal traitter Hyperbolus, de celle qu'il avoit
faite contre Cleon, de Phrynichus, qui avoit introduit
autrefois sur la Scene une vieille yvre dançant la Cordace,
& des nouveaux Comiques qui ne faisoient que suivre ses
inventions. D'où certes il est aisé de connoître que ce discours est une licence de l'Auteur, & s'il le faut ainsi dire, u-
ne interruption de la Comedie, pour entretenir le peuple
de ses propres intérêts, sans la suitte de son Poëme, &
sans aucune Comedie, avec le reste de l'œuvre.

Et si vous aviez leu seulement ce que Jule Scaliger écrit
des parties de la Comédie & de la Tragedie, comme vous
nous voulez persuader par vanité que vous l'avez fort bien
étudié, vous n'auriez pas fait cette faute; car en parlant du
prologue, & nous enseignant que c'est un personnage qui
n'a rien de commun avec le sujet dont est formée l'action
Theatrale; il dit qu'il n'a point plus d'union (a) avec l'intrigue

(a) *Jul. Scal. l. 1. cap. 9. Poët. Prologi persona cum fabula nihil
commune, nihilo magis inquam cum fabula conjuncta negotiis quam Cho-
ragi cum inter actus ad Epirrhemata introducitur qualia in Gurgulione
Plauti. Id. lib. 6. c. 3. antiquam exercet comoediam, palam est hoc ve-
teribus licuisse Poëtis quod novellis Grammaticis corripere non licet. Pag.
9. ed. 2. p. 32.*

trigue de la Scène que celle du Chorague, quand on l'introduit dans l'intervale des Actes, pour faire quelque entretien ou intermede, comme dans le Curgulio de Plaute, & quand ailleurs il parle de cet endroit de Plaute, il dit que c'est une licence de la vieille Comedie, qu'il voulut encore mettre en jeu, & que de là nous devons apprendre qu'il fut permis aux Anciens Poëtes beaucoup de choses, qu'il n'est pas permis aux nouveaux Grammairiens de reprendre, après quoi je n'ai plus rien à vous dire sur vôtre mauvaise Critique.

Pour l'Hecube d'Euripide vous êtes bien injurieux à cet excellent Tragique, & vous aimez bien vos injustes croiances, puis qu'après l'avoir justifié, vous lui voulez inspirer subtilement le mal dont vous l'avez guarenti, car dans cette piece en laquelle il a transporté toute son histoire de la Troade en la Thrace, vous voulez qu'il ait eu intention de reporter la Scène dans la Troade, non seulement contre la raison, mais encore sans necessité, & qu'il n'ait peu faire apparoitre l'ombre d'Achille en Thrace comme il y fait immoler Polixene : mais il avoit choisi ce lieu pour la Scène, afin que tous les evenemens se peussent accommoder, & qu'en rapprochant les lieux, il peut reunir les temps avec la vrai-semblance, & la possibilité du Theatre. De disputer ici des changemens que le Poëte Dramatique peut apporter à l'Histoire, ce seroit un trop long discours : c'est assez de dire ce que j'explique ailleurs, que le Poëte peut changer tout ce qui contredit son art, tout ce qui ne s'y peut accommoder, & tout ce qui l'empêche de faire une belle piece, il laissera la verité à l'histoire, les grandes fictions Poëtiques aux Epopées, & se tiendra dans la vrai semblance du Theatre. Il y a bien quelques modifications à cette maxime : mais ce n'est pas ici l'endroit où j'en veux traiter. Je ne me veux pas arrêter aux Phœnisses de ce même Auteur, puisque vous les justifiez vous-même contre un Moderne, qui s'est en peu de temps detrompé de la bonne opinion qu'il avoit conçuë de sa propre suffisance ce en l'art du Theatre; ce n'est pas que l'on ne puisse alleguer d'autres|, & de meilleures raisons que les votres en faveur d'Euripide, & que vous ne le laissiez même suspect du peché, dont vous le voulez purger, ou de quelqu'autre aussi grand; mais je n'ai pas entrepris d'écrire contre vous, je parle seulement pour la deffence de la verité, & quoi que je peusse opposer à vos sentimens; c'est assez que vous aiez dit vrai pour m'en empêcher.

CHA-

CHAPITRE XVIII.

De la structure & des machines des Theatres anciens.

PAROLES DE Mʀ. MENAGE.

** Or comme nous avons des rideaux pour cacher ce qui ne doit plus paroître, ne doutez pas que les Anciens, &c.*

Replique de Monsieur l'Abbé d'Aubignac.

VOus m'engagéz ici d'expliquer la construction du Theatre ancien, plus au long que je ne voudrois, par ce que j'en devrois reserver le discours ailleurs, & plus succinctement qu'il n'est necessaire, parce qu'il renferme beaucoup de circonstances aussi difficiles à demêler, que l'intelligence en est autile.

Le Theatre des Anciens étoit un lieu vaste & magnifique, qui renfermoit de longues galleries convertes, de belles allées plantées d'arbres, plusieurs promenoirs agreables, où le peuple s'alloit ébattre en attendant les jeux: Là étoit un superbe bâtiment, dont la façade tournée vers les sieges des Spectateurs étoit nommée la Scene, même quelques fois tout le bâtiment se nommoit ainsi. Contre cette façade étoit dressé l'échaffaut dans une place ronde, qui avoit trente toiles de Diametre,

---

* Pag. 44. ed. 2. pag. 70.

(a) Vitru. lib. 5. cap. 9. circa Theatra sunt porticus & ambulationes, &c.

(b) Vitr. 2, 6. l. 5. Pallad. Archit.

mettre, jufqu'au milieu de laquelle il étoit avancé (*a*)
chez les Romains, & non pas tant chez les Grecs, par
ce que les Bouffons, les Sauteurs, les Farceurs, &
telle forte de gens ne montoient point fur leur Theatre,
& joüoient plus bas dans l'Orcheftre toutes les plaifante-
ries qu'ils étudioient pour divertir le peuple. (*b*) Sur l'é-
chaffaut étoient mifes trois fortes de decorations felon
les trois genres de Poëmes Dramatiques que l'on y pouvoit reprefenter, c'eft à fçavoir une peinture de grands
Palais pour les Tragedies, des bâtimens communs pour
la Comedie, & des payfages pour la fatyre ou paftorel-
le. Ce qui étoit reprefenté fur des toiles peintes po-
fées devant la façade de ce bâtiment, & que l'on ôtoit
& remettoit felon le genre de la piece que l'on vouloit
joüer, & c'eft ce qu'on appelle Scene Ductile. Aux deux
côtez en avançant vers l'Orcheftre ou parterre, felon
l'art de la perfpective (*c*) étoient des triangles tournans,
qui portoient chacun trois autres toiles peintes de même forte, & que l'on tournoit pour les faire convenir
à celle du fond, & c'eft ce que l'on nommoit Scene ver-
fatile ou tournante. En quoi l'on peut reconnoître de
combien s'eft méconté Barbaro en un endroit de fes
Commentaires fur Vitruve, par l'équivoque de ces
noms de Theatre & de Scene, qui fignifient plufieurs
chofes & bien differentes, étant fouvent même pris
l'un pour l'autre: car au lieu de diftinguer l'architectu-

re

(*a*) *Ita latius factum fuerit quam Græcorum quod omnes artifices in
Scenam dant operam, Archit. lib. 5. cap. 6. & 8. & ibi fufius Daniel
Barbarus, Patr. Aquil.*

(*b*) *Vitr. lib. 5. c. 8. Genera Scenarum funt tria & horum ornatus
diffimiles & Tragica deformantur columnis, &c. Comica Mænianorum
habent fpeciem, &c. fatyrica ornantur arboribus & in topiarii operis
fpeciem, &c.*

(*c*) *Spatia ad ornatus comparata qua loca Græci ἀδεὶ ἄυτας dicunt
ab eo, quod machina funt in his locis verfatiles trigonos habentes in
fingulis tres funt fpecies ornationis, qua cum aut fabularum mutationes
&c. Vitr. l 5. cap. 7. & ibi Barbar. In fingulis earum frontibus pictu-
ra erant, fecundum fabularum opportunitates, &c. & in c. 8.*

re de ce grand bâtiment qu'ils nommoient Scene, d'a-
vec la decoration du Theatre, qui portoit auffi le même nom ; il a mis ces Palais, ces Maifons, & ces Triangles tournans fur une même ligne, dans la façade de ce
bâtiment, & comme s'ils en faifoient partie, au lieu
que ce n'étoit rien que des chofes feintes, appliquées
affez près de cette façade, & que l'on changeoit, ôtoit
& remettoit, augmentoit & diminuoit felon les divers
fujets des Comedies, fans que la façade de ce bâtiment
en reçût aucune alteration. Et de cette faute de Barbaro eft venuë la penfée de quelques Modernes, qui fe
font imaginez que la decoration des Theatres anciens
étoit comme de forme quarrée, & que les côtez étoient
tirez en ligne perpendiculaire, & à angles droits fur le
fond, & non pas en perfpective (a), comme il eft
certainement neceffaire, pour faire voir ce qui fe paffe
fur la Scene à tous les Spectateurs, en quelque part
qu'ils foient affis.

(b) Pour revenir à ces trois fortes de Scene comique,
tragique & fatyrique, c'étoit la decoration commune
pour ces trois genres de Poëmes qui n'avoient rien
d'extraordinaire : mais outre que les Tragiques pren-
nent quelquefois des fujets comiques, comme au contraire les Comiques des fujets tragiques, il eft fouvent
arrivé que les Poëtes ont mis la Scene d'une Tragedie
dans la Campagne, ainfi que l'Ajax de Sophocles, &
celle d'une Comedie, bien loin des maifons communes du peuple, ainfi que le Rudens ou cable de Plaute.
De forte que ces decorations ordinaires étoient bien
fouvent mélées & changées. Même le Theatre deve-
nant peu à peu plus ingenieux & plus magnifique, tant
par l'induftrie des Poëtes qui travailloient pour la gloire, que par l'ambition des Magiftrats qui en faifoient
la dépenfe pour plaire au peuple, on y mit de hautes
tours,

____

(a) *Verum eft quod opus eft optica fi velimus Scenas eas deformare,
ita ut fuos reddat effectus*, &c. *Barbar, In cap. 8. l. 5. Vitr.*
(b) *Ath. l. 14. c. 7.*

tours, où les Acteurs paroissoient (*a*), des machines pour faire descendre les Dieux du Ciel en terre, (*b*) des Gruës pour enlever leurs bien-aimez de la terre au Ciel, des fulminantes pour lancer des foudres, des tonnantes pour imiter le bruit du tonnerre, des anapeismes pour traverser des rivieres, ou representer des naufrages, des eschelles de Charon, pour faire sortir des ombres & des furies du fond des enfers, & en un mot representer toutes les choses que l'on pouvoit rendre vrai-semblables par l'adresse des hommes, par la force de la magie, ou par la puissance des Dieux; c'est ce que nous voyons écrit dans Vitruve & dans Julius Pollux, tous deux semblables en ce point, qu'il est très-mal-aisé de les entendre, mais differens en ceci, que Vitruve ayant écrit methodiquement, enseigne la construction reguliere du Theatre à qui le pourra bien expliquer, & laisse le reste à l'Ingenieur, selon la necessité des Poëmes que l'on doit jouër; Mais Julius Pollux qui n'a point eu d'autre dessein que de faire un Livre de noms, & souvent d'entasser plusieurs Synonimes, rapporte confusément toutes les choses qui pouvoient entrer dans les decorations du Theatre en toute sorte de Poëmes, & pour quelque raison que ce puisse être; souvent il ne fait que les nommer, rarement il en explique l'usage, & jamais il ne donne le moyen de les construire.]

(*c*) Quand donc vous avez dit qu'il y avoit des machines sur le Theatre pour transporter la Scene d'un lieu à l'autre, cela ne reçoit pas de doute: mais il faut entendre ce changement en diverses Comedies; c'est-à-dire, tantôt la Scene étoit supposée dans un quartier de quelque Ville, & tantôt dans un autre: souvent auprès d'une place publique, quelquefois au devant

d'un

(a) *Deorum adventus cum repentinis tonitruis* Vitr. *l.* 5. *c.* 7. *Et Jul. Poll. l.* 4. *cap.* 19. *Onomast.*

(b) πύργος, μηχανή, γέρανος, καραδόκιον, κεραυνός, βροντεῖον, ἀναπιέσματα, χαρώνιοι κλίμακες.

(c) *Pag.* 46. *ed.* 2. *p.* 72.

d'un Temple, & d'autrefois à la veüe du Port; & comme ils ne representoient pas toûjours des histoires arrivées dans un même païs, la Scene changeoit même de Province; L'Amphitrion est à (a) Thebes, les Captifs font en Etolie, le Curculion dans Epidaure (b), la cassette ou cistellaria à Sicyone, les Menechmes à Epidamne, le Fanfaron à Ephese, le Carthaginois à Calidon, le Rudens ou cable à Cyrene, & la plûpart des autres de Plaute à Athenes, les Grenoüilles d'Aristophane dans les Enfers, l'Electre de Sophocle dans la ville d'Argos, le Philoctete dans l'Isle de Lemnos, l'Hecube d'Euripide en Thrace, la Medée à Corinthe, l'Andromache en la Pythie, des Iphigenies, l'une en Aulide & l'autre en la Tauride, le Cyclope en Sicile, Helene en Egypte, Ion à Delphe, & les autres ailleurs: Le Promethée d'Æschyle est en Scythie, les Perses devant la sepulture de Darius, & les autres en Grece.   Mais il est constant que ce transport de Scene en divers quartiers d'une Ville, ou d'une Province à l'autre, ne s'est jamais fait dans une même Comedie, & nous le recueillons nettement de Plaute dans les Menechmes & le (c) Truculent; & quant aux Machines que (d) Pollux écrit avoir servi pour representer cette diversité de Provinces, j'entends bien comment par la perspective on faisoit paroître au fond d'une ouverture éloignée, un port de mer ou une place publique, ou quelque chose de semblable, d'où l'on voyoit les (e) Acteurs venir de loin, & peu à peu croître aux yeux des

(a) *Hæc urbs est Theba in illisce habitat ædibus Amphitruo. Ætolia hæc est. Ecquem in Epidauro trapes.*

(b) *Adolescens hic est sycione hæc urbs Epidamnus est, hoc oppidum Ephesus est, huc in Calidonem commigravit. Huic esse urbi nomen Cyrenas Diphilus voluit.*

(c) *Atheniæ tracto ita ut hoc est proscenium, tantisper dum transigimus hanc Comœdiam.* Prol. Truc.

(d) Ἀμφότεραι δὲ χώραν ὑπαλλάττεσι, *l.* 4.

(e) *πόλιε suit ostiolum per quod quasi è longinquo repente apparent peregrini &c.* Scal.

des Spectateurs, en s'approchant. Mais de faire diftinguer le pays ou la Province, dans laquelle on feignoit
que la Scene étoit tranfportée, d'une Comedie à l'autre; J'avoüe franchement que je ne le fai pas, ne comprenant point comment un Palais, des maifons Bour-
geoifes, ou des Payfages, fpouvoient être reconnus
pour être de Thebes, d'Athenes ou d'Argos, de Grece,
d'Egypte, ou de Scythie; & certainement, fi cela étoit
ainfi, ce que je ne croi pas, Julius Pollux nous eut fait
un grand plaifir de nous donner la fabrique des Machines qu'il rapporte avoir été autrefois employées à cet
effet, & de nous en expliquer plus particulierement
l'ufage & les differences. Mais ce qui juftifie que l'ornement du Theatre, qui reprefentoit une Ville, ne pouvoit pas faire diftinguer quelle elle étoit; c'eft que dans
les Menechmes le Prologue ayant dit que les Poëtes ont
accoûtumé de feindre que les actions de toutes leurs
Comedies font arrivées à (a) Athenes, il protefte d'a-
voüer franchement, où les chofes fe font faites & non
ailleurs. Puis il pourfuit: cette Ville, c'eft-à-dire, que
vous voyez peinte, eft Epidamne, tandis qu'on joüera
cette Comedie, & quand on voudra joüer une autre
Ville, comme les familles & les perfonnes ont accoûtumé de changer, le même Acteur faifant tantôt un
vieillard, & tantôt un jeune homme, un mendiant, un
Roi, un écornifleur, un devin. Car comme on pouvoit bien reconnoître par l'habit quel perfonnage chacun des Hiftrions reprefentoit: mais non pas favoir fon
nom ni fes autres qualitez, de même pouvoit-on bien
apprendre par les ornemens du Theatre, fi la Scene é-
toit dans une Ville, un Palais, une campagne, ou autre lieu: mais on ne pouvoit pas difcerner quelle étoit
cette Ville, ce Palais, & ce Pays.   Auffi dans le Fanfaron

(a) *Omnes res geftas effe Athenis autumant, ego nufquam dicam nifi
ubi factum fuerit. hæc urbs Epidamnus eft dum hæc agitur fabula: quando alia agetur, aliud fiet oppidum ficut familia quæque folent muta-
rier modo enim idem fit leno, modo adolefcens, modo fenex pauper,
mendicus, Rex, ariolus, parafitus.*

faron de Plaute, l'esclave Palestrio qui fait le Prologue, dit (*a*) cette Ville est Ephese, dans le Rudens ou Cable de cet Auteur, le Prologue dit que Diphile Poëte Comique (qu'Athenée cite souvent, & que Plaute a fort imité) & non pas un Acteur, comme a mal pensé Lambin, avoit voulu nommer cette ville peinte en la Scene, (*b*) Cyrene, dans celui du Truculentus, que cette ville soit (*c*) Athenes pour un peu de temps, durant que nous joüerons cette Comedie, & dans l'Amphytrion cette ville est (*d*) Thebes, ce qui eut été entierement inutile & mal à propos repeté si souvent, & en tant de pieces, s'il eût été facile de le reconnoître à l'œil. Or non seulement le Theatre representoit en certaines pieces le bord de la mer, & en d'autres des Palais & des Temples, d'autresfois des forêts, des montagnes, ou des pauillons de guerre, mais encore tous ces ornemens pouvoient même être composez, & porter quelque mélange de toutes ces choses, quand elles se pouvoient rencontrer en même lieu, sans en détruire l'unité: comme une riviere parmi des Palais dans les Grenoüilles d'Aristophane; & un naufrage à la vûë d'un Temple & d'une maison champestre dans le Rudens ou Cable de Plaute: des pauillons & une forêt dans l'Ajax de Sophocle. Mais de penser que Julius Pollux non plus que (*e*) Scaliger en un passage, qui peut tromper les ignorans, ait voulu dire que toutes les machines & toutes les decorations dont ils parlent (*f*), se rencontrassent dans toutes les Comedies, ce seroit contre toute

appa-

(a) *Hæc oppidum Ephesus est.*

(b) *Huic esse nomen urbi Diphilus Cyrenas voluit.*

(c) *Athenæ ista sunto, ita ut hoc est Proscenium tantisper dum transigimus hanc Comædiam.*

(d) *Hæc urbs est Thebe, &c.*

(e) *Propterea vero quod multarum facies regionum explicabantur neque locus aptus erat ad capiendum, disponebant vela quædam cum abacis & picturis,* &c. *l. 1. c. 19.*

(f) *Nec puto omnibus argumentis convenisse, &c.* Scal. *l. 1. c. 19.* Poët.

apparence.   La verité des choses, ni la representation
même ne pouvant souffrir une confusion si grande d'ornemens, il faudroit trop de temps pour les faire, &
encore plus pour en representer les changemens. Aussi
(*a*) Antiphanes fut obligé de faire une boutique d'un
lieu où l'on faisoit d'ordinaire paroître les animaux
comme dans une étable; & néanmoins c'est ce que
vous avez voulu subtilement persuader à vos Lecteurs,
encore que vous ne le croyez pas vous même: & cela
pour sauver un rideau que vous faites joüer sur le Theatre à la façon de quelques Modernes.   Mais avant que
de tirer ce rideau, où vous essayez de vous mettre à
couvert avec (*b*) le bon Menedeme, je suis d'avis examiner ce que Julius Pollux écrit de cette autre Machine, qui servoit ainsi que vous dites à faire voir ce qui
se passoit dans ces Maisons feintes au Theatre.

Pour l'entendre il faut savoir premierement que la
(*c*) Scene entre-autres choses signifie le lieu ouvert où
paroissent les Acteurs, & qu'ils nommoient aussi Proscenium, ou avant-Scene, & en suite que le Theatre
ancien se considere en plusieurs façons par raport aux
ornemens selon les lieux où ils étoient posez.   Sur la
Scene signifie sur le sol ou plancher qui faisoit l'échaffaut, & c'est où l'on mettoit les (*d*) Anapeismes pour
representer un passage de Riviere (*e*). A l'entour de la
Scene, c'étoit faire partie du fond ou des côtez, où
nous avons dit qu'étoient les decorations communes,
composées de Palais, maisons ou paysages, ce qu'on
appelloit aussi bien souvent tout ensemble la Scene (*f*).
Au dessus de la Scene signifie être élevé plus haut que
les

(*a*) Poll. l. 4. c. 19. ἐν ἀντιφάνεις ἀκεσρίαις, &c.
(*b*) Pag. 45. ed. 2. p. 71.
(*c*) Locus ante Scenam Proscenium in quo erant agentium discur-
siones Scal.
(*d*) τάδε ἀναπείσματα τὸ ῥῆ ἐςὶ ἐν τῇ σκηνῇ. &c.
(*e*) κατὰ τὴν σκηνήν, &c.
(*f*) ὑπὲρ τὴν σκηνήν, &c.

les bâtimens representez , les pavillons ou chofes femblables, comme étoient les Machines à lancer la foudre , & celles qui fervoient à porter les Dieux ou les
Heros à travers l'air. (*a*) Sous la Scene étoient les chofes que l'on mettoit plus bas que le fol ou plancher de
l'échaffaut , ce que je trouve de deux façons , l'une
quand on les pofoit derriere la Scene, ou felon nous
derriere la tapifferie : mais plus bas , comme les va-
fes d'airain, fur lefquels on en faifoit defcendre d'autres
pleins de cailloux pour reprefenter le bruit du tonnerre;
& l'autre façon étoit quand ces chofes étoient po-
fées au dehors & plus bas que l'échaffaut, comme (*b*)
l'Hypofcene des Grecs, & (*c*) un peu plus haut le Lo-
gion le pulpitre des Latins , & un peu plus haut le
Podion. Ce n'eft pas que ces façons de parler ne
foient quelquefois confonduës, quand il ne s'agit point
de l'intelligence des ornemens , ni du lieu où ils font
placez; & que l'on ne die quelquefois indiftinctement
être fur la Scene, & fous la Scene, de tout ce qui fert
à la reprefentation des Comedies.

Cette Machine donc qu'on emploioit felon Julius
Pollux à faire voir les chofes fecretes du Theatre, étoit
comme une haute efchelle ou un efcalier, au haut
duquel étoit un Thrône ou fiege, & cela fervoit à faire connoître les chofes qui fe (*d*) paffoient fous la
Scene, & (*e*) cette Machine tournoit en rond, d'où les
Grecs lui ont donné fon nom : Mais de favoir quelle en étoit la conftruction, comment elle fervoit à découvrir les chofes qui étoient fous la Scene, c'eft ce
que nous ne pouvons connoitre , ce que Pollux ne
dit point; & ce qu'à mon avis il ne pouvoit dire. Cet
Au-

(a) ὑπὸ τὴν σκηνὴν ὄπισθεν , &c.
(b) ὑποσκήνιον, ὑπὸ τὸ λογεῖον κείμενον, *Jul. Pollux.*
(c) *Noftri vero podium depreffius Proscenio, altius pulpito.* Scal. l. 1.
cap. 21. *Poët.*
(d) τὰ ὑπὸ τὴν σκηνὴν ἀπόρρητα.
(e) ἐγκύκλημα.

Auteur écrivit au temps de l'Empereur Commode, fous
lequel l'art du Theatre s'étoit auffi bien corrompu
que les mœurs : & la magnificence des Siecles precedens pour les ornemens de la Scene, avoit dégéneré
de telle forte, en cruautez & en boufonneries extra-
vagantes, que les Mufes s'étoient renduës volontairement les efclaves de la tyrannie. Il n'y avoit plus
rien de beau ni de judicieufement compofé, que ce
qui plaifoit au caprice & à la débauche d'un jeune
Empereur. Auffi les decorations dont Pollux a parlé,
ne fe pratiquoient pas en fon temps, & s'il en reftoit
encore quelques-unes de l'antiquité, il eft vrai-fembla-
ble qu'il ne les avoit point vûës ; car il en parleroit plus
particulierement, & il faut confeffer que pour la plûpart des chofes dont il a fait mention, il les rapporte
comme anciennes & douteufes, dont il ne peut enfei-
gner ni la fabrique ni l'ufage. Comme en ce qu'il dit
qu'il y avoit une certaine partie du Theatre, autrefois
nommée (a) Senatorienne, ou du confeil & de la
jeuneffe (b), qu'Eileos étoit anciennement une table,
fur laquelle montoit un homme qui répondoit au chœur,
que les tapis furent autrefois des toiles peintes que
l'on jettoit fur les tournans, & autres chofes femblables que l'on reconnoît à fon difcours, avoir été feulement pratiquées par les Anciens, & non plus par ceux
de fon temps. Ce qui montre bien que le Theatre a-
voit perdu fon ancienne decoration, & combien il eft
mal-aifé d'en prendre connoiffance par les chofes qu'il
en écrit fans ordre & fuperficiellement, & principalement touchant cette Machine, dont il eft queftion, de
laquelle on avoit fi peu de connoiffance en fon fiecle,
qu'il n'ofe affeurer fi c'eft la même que celle qui fut

autres-

(a) ἐκαλεῖτο δὲ τὶ ᾧ βελευτικὸν μέρος τῦ θεάτρου καὶ ἐφηβι-
κόν, &c.

(b) εἴλεος δ᾽ ἦν τράπεζα ἀρχαία, &c. ἥτιανες ἔσαν καπεβάλ-
λετο, &c.

autresfois nommée (*a*) Exoſtre, ou ſi elles ſont differentes.

(*b*) Que s'il eſt permis de raiſonner ſur des choſes
que la longueur des ſiecles avoit déja ſi fort ruinées,
il y a plus de quatorze cent ans; nous dirons que cette Machine ſervoit à faire ſavoir ce qui ſe paſſoit dans
les maiſons de la Scene, non pas comme vous penſez
en les faiſant voir aux Spectateurs, mais en elevant un
Acteur qui les voioit, & les leur faiſoit adroitement
ſavoir par ſes diſcours. Ce qui nous le doit perſuader,
c'eſt la deſcription qu'en fait Pollux en forme d'eſcalier,
au haut duquel étoit un ſiege, & cette opinion eſt d'autant plus vrai-ſemblable, que (*c*) Scaliger ſe l'eſt preſque imaginé de la même ſorte. Voulant que ce Siege
fût deſtiné pour celui qui devoit reciter ce qui ſe paſſoit ſecrettement dans les maiſons; apportant pour exemple l'Oedipe de Sophocles & la Caſine de Plaute.
Mais ſi l'on veut s'attacher aux termes de Pollux, qui
dit que cette Machine ſervoit à faire paroitre les choſes
qui ſe paſſoient ſous la Scene, c'eſt-à-dire, au deſſous
des maiſons qui y étoient repreſentées; il faudroit que
ce fut comme en ouvrant une cave & quelque lieu
ſoûterrain, ce qui ne s'accorde pas neantmoins avec la
hauteur des degrez & le ſiege qui la compoſoient. Mais
il me ſembleroit encore moins raiſonnable de pretendre qu'elle decouvroit aux yeux des Spectateurs, ce
qui ſe paſſoit dans les chambres du Theatre : car ſi c'é-
toit en ouvrant une feneſtre ou une porte, comme dans
les Bacchides de Plaute, il ne falloit point de machines : & ſi c'étoit en tirant une toile peinte, ou détournant la fabrique qui portoit l'image d'une muraille,
cela eût été ridicule. Tout ce qui eſt & ſe fait ſur le
Thea-

(*a*) ἐξῶστραν, ταυτὴν τῷ ἐγκυκλήματι νομίζεσιν.

(*b*) *Hæc omnia potius ut ne neſciamus quam ut neceſſaria ſciamus*
Scal. l. 1. c. 19.

(*c*) *Deſtinabatur locus is ad ea recitanda quæ ſecreto patrata eſſent in*
ædibus, ut in Oedipode Sophoclis, Plaut. Amphitryon. Caſina & aliis
Scal. l. 1. c. 19. *poeſi.*

Theatre, doit reprefenter quelque chofe de vrai-fem-
blable, & poffible; autrement, c'eſt pecher contre le
fondement de l'Art, qui ne ſubfiſte que par la vraifemblance. Or de faire une muraille mobile, qui s'ô-
te de ſa place, ſoit en tombant, ou en s'élevant : en
ſe retirant, ou en ſe détournant; c'eſt reprefenter une
chofe impoffible : c'eſt nous donner une image d'une
verité qui n'eſt point, & la copie d'un portrait qui ne
fut jamais en nature : & dans ces occaſions le Decora-
teur ne ſauroit dire ce qu'il reprefente ni ce qu'il
fait : cette feinte n'étant aucune imitation de la nature
ni de l'art. Et pour faire valoir raiſonnablement une
telle machine, il faudroit reprefenter des murs tombez
par miracle, comme à la ville de Jericho, ſous les Iſraë-
lites; ou bien par un enchantement, par un coup de
tonnerre, par une mine; & de ſemblables accidents;
qui deuroient même être defignez par le Poëte & faire partie de ſon ſujet. Ne difons donc point que
cette machine faifoit mouvoir à l'improviſte une muraille; une telle invention qui choque le ſens, l'art,
la nature & la poffibilité, n'entra jamais dans la penſée
de ces excellens Genies, dont les Poëmes ont tiré tant
de gloire par la conformité qu'ils avoient avec la nature des chofes reprefentées, & la vrai-femblance. Ne
croions pas que Terence ait voulu ſe ſervir d'un artifice ſi peu raiſonnable dans la Comedie qui fait notre
difpute. Pour le montrer, il ne faut que faire un peu
de reflexion ſur ce qu'il fait dire à ſes Acteurs, par
la bouche defquels il faut neceffairement que le Poëte
s'explique. A la fin de la premiere Scene, Chremes
appelle (a) Phanias ſon voiſin, & frappe à la porte de
ſon logis. Au commencement du troiſiéme acte, il
en dit autant de Menedeme qu'il voit ſortir de ſa maiſon, & dans toute la piece Chremes & tous les autres Acteurs découvrent aſſez clairement qu'ils entrent
dans celle de Chremes & qu'ils en ſortent. Mêmes
M 2   dans

______

(a) *Monere oportet me hunc vicinum Phaniam. &c.*

dans les trois derniers actes, il se fait plusieurs allées &
venuës de la maison de Menedeme en celle de Chremes & si promptement qu'il est facile d'en juger la
proximité. D'où resulte que le lieu de la Scene est mis
au devant des portes de ces trois logis, dont les entrées
étoient sur la ruë ; car de s'imaginer que le champ
de Menedeme fut dans cette ruë, cela seroit ridicule.
Aussi personne n'en parle dans toute la Comedie, & pas
un des Acteurs ne témoigne être ni dedans ni auprès.
Et quand Chremes dit qu'il ne connoissoit Menedeme, que (a) depuis le peu de temps qu'il avoit acquis
un heritage proche du lieu où ils étoient, cela se doit
entendre aux environs, & non pas au même endroit
où ils parloient; car ils parloient dans une ruë au devant des portes de leurs logis, où il seroit ridicule de
dire qu'il y eut un champ.   Et de fait, durant ce long
entretien de ces deux vieillards, dans la premiere Scene, il est constant qu'ils étoient devant la porte du logis de Chremes, où celui-ci pensant entrer, en voit
sortir son fils Clitiphon, avec lequel il fait la seconde
Scène.   Et en suitte il est certain que tous les Acteurs
qui paroissent dans les deux premiers Actes, ne sont
point ailleurs.   Et au commencement du troisiéme Acte, Chremes sortant de sa maison, s'étonne dès la premiere demarche qu'il fait (b), de ce qu'il est déja jour,
& aussi-tôt qu'il a dit cette parole, il poursuit qu'il ne
doit point differer de frapper à la porte de Menedeme
son voisin.   Ce qui montre que ces deux maisons vrai-
semblablement étoient contiguës & Menedeme étant
aussi-tôt sorti de son logis, Chremes & lui font une autre grande conversation sur le retour & sur les amours
de Clinias.   Ainsi (c) Chremes étant au même lieu où
il étoit en la premiere Scene, & discourant avec son
mê-

____

(a) *Agrum in proximo hic mercatus es. act.* I. *sc.* I.
(b) *Lucescit jam, cesso pulsare ostium vicini.*
(c) *Ch. abi intro, vide quid postulent, ego domi ero si quid me*
voles.

même voisin , sans aucun changement survenu , il
s'ensuit que Menedeme étoit au premier Acte devant son logis, comme dans le troisiéme. Davantage
à la fin de la huitiéme Scene du quatriéme Acte ,
ces deux vieillards ayant encore paru sur le lieu de la
Scene, & resolu de s'avertir l'un l'autre des intrigues
de leurs familles, chacun d'eux entre en sa maison, &
ils disparoissent. Où vous voiez que Menedeme devient
invisible ; parce qu'il entre dans son logis, & non
pas parce qu'il se cache derriere un rideau dont on ne
parle point , & auquel Terence n'a jamais fait connoître avoir seulement pensé. Et partant il est manifeste à quiconque examinera bien ce qui se fait & se
dit en cette Comedie, que quand Menedeme disparoit
à la fin de la premiere Scene, c'est de la même maniere qu'en la huitiéme Scene du quatriéme Acte , je
veux dire en entrant dans sa maison, au devant de laquelle il parloit alors , comme dans le reste de la
piece. Et si dans cette premiere Scene le bon Menedeme ne paroit plus aux yeux des Spectateurs quand il
quitte Chremes, à cause que l'on fait jouër un rideau qui le cache, ou quelque machine de pareil effet ; je demande, le champ où étoit Menedeme, étoit-
il separé du carrefour où étoit Chremes, par un fossé ou par une muraille ? S'il l'étoit par un fossé, que
represente ce rideau que l'on tire ; & par quelle secrette puissante des Cieux, ou des Enfers se forme-t'il sou-
dainement un corps solide , qui rend cet homme invisible ? Mais si ce champ étoit separé par une muraille , par quel prodige est-elle abatuë ; quand Chremes
le voit dans son champ ; & par quel miracle est-elle
rétablie, quand on ne le voit plus ? Car après tout, il
faut considerer ces choses comme étant veritablement
arrivées , & si l'on ne peut rendre compte de ce que
l'on fait au Theatre par la verité des evenemens, quoi
que supposez, la representation en est fausse, vitieuse
& contraire à la nature du Theatre. Car ce qu'ils appelloient Aulæa & Siparia, n'étoient pas, comme vous

                pen-

penſez, des machines de Theatres & des rideaux qu'on
fit aller & venir, pour faire & défaire ſubitement des
murailles, à la mode de ceux que l'ignorance des derniers temps a mis en uſage; (a) mais ſans parler des
toiles tenduës au deſſus de l'Orcheſtre & des ſieges des
ſpectateurs pour les garder de la grande chaleur du Soleil (b) Aulæa étoient ſeulement des tapiſſeries & des
peintures, qui ne ſervoient au commencement, qu'à
couvrir les murs des grandes ſales, ſoit qu'elles fuſſent
dans les Palais, ou bien à découvert; & (c) dont elles eurent leur nom. Après elles furent emploiées en
toutes ſortes de lieux que l'on vouloit orner, comme
il y en eut de pourpre dans le (d) Navire de Philopa-
ter : puis (e) elles ſervirent à l'embeliſſement de la Scene, & même on (f) en fit des marchepieds à couvrir
l'échaffaut, au rapport de Donat : & en la place deſ-
quels au ſiecle de cet Auteur on ſe ſervoit auſſi des toiles peintes, qu'ils nommoient Siparia : encore que Si-
parium proprement ne fut autre choſe, dit-il, qu'une
toile legere, qui empêchoit que le peuple ne vit les
changemens qui ſe faiſoient dans les intervales des Actes, & laquelle ſervoit peut-être, comme ce qu'ils nomment aujourd'hui la toile de devant, qui ne fait point
partie de la decoration, & qu'on tire ſeulement
quand on y veut changer quelque choſe; afin que le
peuple ne s'apperçoive point du deſordre qui ſe fait en
ces ajuſtemens, & qu'il ſoit plus agreablement ſurpris
en voiant ſoudainement une nouvelle face de Theatre. Vous ferez Mr. telle reflexion qu'il vous plaira
ſur toutes ces choſes, & vous en tirerez telle conſe-
quen-

(a) *Vitruv. l. 5.*
(b) *Athen. l. 5. c. 2.*
(c) *Ab aula aulæa.*
(d) *Idem. l. 5. c. 7.*
(e) *Aulæis quoque ornaverunt. Scal. l. 1. c. 21 Poët.*
(f) *Aulæa quoque in Scena in terra ſternuntur, pro quibus Siparia ætas poſterior accepit, eſt autem minutum veſum quod populo abſiſ-
tit, dum fabularum actus commutantur. Donat. de trag. & com.*

quence que vous pourrez, & que vous voudrez, je
n'ai pas entrepris de vous contraindre de ceder à
mes sentimens. Ce n'est pas qu'il ne soit facile de
vous convaincre; mais il est bien difficile de vous le
faire confesser.

CHAPITRE XIX.

De l'heure du souper chez les Anciens.

PAROLES DE Mr. MENAGE.

(a) *Il est certain qu'ils se mettoient à table de fort bonne heure, c'est-à-dire, environ le crepuscule, &c.*

Replique de Monsieur l'Abbé d'Aubignac.

TOut le discours que vous faites ici est captieux & sans conséquence; car de nous compter que parmi les Grecs, ceux qui ne faisoient qu'un bon repas le jour, se mettoient de bonne heure à table pour souper, cela ne fait rien à nôtre sujet, nous parlons d'une debauche faite le jour d'une fête de Bacchus, & non pas d'un souper ordinaire, outre que vous seriez obligé de prouver que tous ceux qui soupent chez Chremes en nôtre Comedie, n'avoient point dîné; ce qui vous seroit entierement impossible. D'ailleurs ce n'étoit pas une coûtume de tous les Grecs d'attendre au soir à faire bonne chere; mais seulement de quelques-uns, à qui cela pouvoit être utile, comme plusieurs l'observent pour la santé. Aussi (b) Theophraste fit un legs d'une grande somme d'argent à certains Colleges de Philosophes, à condition, dit-il, non de faire la debauche, mais des festins moderez & mêlez de doctes entretiens. Mêmes ceux qui vivoient dans le Prytanée,

ne

(a) Pag. 49. ed. 2. p. 74.
(b) *Athen. l. 5.*

ne soupoient que legerement : si bien que tous ces
gens là eussent été fort mal-traitez, s'ils n'eussent fait
qu'un repas. Et ce qui montre encore plus clairement
l'abus de cette maxime, c'est que chez les Grecs on
faisoit d'ordinaire trois repas & quelquesfois quatre :
ce (a) qu'Athenée deduit fort au long suivant les autoritez d'Homere, d'Æschyle, d'Antiphanes, de Can-
tharus, d'Aristomenes, & de Philemon.   (b) Les paroles d'Accius que vous alleguez sont contre vous, parce qu'il ne parle pas de souper ; mais seulement de boire un coup en attendant les flambeaux, comme il est
ordinaire parmi les premiers venus pour un grand festin. D'où il paroît qu'en cette rencontre on soupoit
bien tard, puisque la nuit étoit déja venuë & que les
Conviez se mettoient à boire avant que l'on servît sur
table, n'étant pas vrai-semblable qu'ils eussent eu tant
d'impatience, si tout eût été prêt.

Et pour le regard des Romains, dont vous mettez
en jeu Festus, Tacite, & quelques autres avec Vesper-
na, c'est inutilement, d'autant qu'il ne s'agit pas de
leur coûtume. C'est pourquoi je me contenterai de
vous renvoyer encore une fois aux observations de
Stukius sur les festins de l'antiquité, que j'ai citées dans
mon discours : c'est un homme très-savant, qui a bien
entendu les bons Auteurs, & qui a fait une étude particuliere de cette matiere : & si vous le rejettez parce
qu'il n'est pas de vôtre advis, qu'il vous souvienne de
ce que rapporte (c) Athenée, que Socrate se prome-
nant d'ordinaire devant son logis & bien tard, avoit
accoûtumé de dire que cet exercice lui valoit un ragoût
pour souper avec appetit. Car sans faire debauche, vous
voyez qu'il ne soupoit pas de fort bonne heure, & que s'il
eût dîné legerement, il n'eût pas eu besoin d'attendre si
tard, ni de chercher de l'appetit dans la promenade.

Mais

(a) *Athen. l. 5. & l.*
(b) *Lib. 11. cap. 9.*
(c) *Lib. 4. c. 18.*

M 5

Mais ce que vous rapportez de moins recevable, est l'interpretation que vous donnez à ce terme *monere*. Car de pretendre qu'il ne signifie pas advertir, mais prier, c'est contre l'usage ordinaire & la connoissance des petits Escholiers : & si Calfurnius & Eugraphius en cet endroit semblent avoir pris *monere* pour *vocare*, & *monitor* pour *vocator*, c'est que d'ordinaire, comme on le pratique hors de Paris, celui qu'on envoye le matin convier à quelque festin, retourne le soir advertir les conviez. Autrement il faudroit dans notre Comedie, que Phanias eût soupé chez Chrémes sans avoir été convié, d'autant que (*b*) Chremes le voulant advertir qu'il étoit temps de se rendre en son logis, ne le void point, & ne lui parle point, ayant apris qu'il s'y étoit déja rendu, & s'il n'avoit point été convié par un autre que par Chremes il faudroit qu'il eut deviné que Chremes lui vouloit faire festin, & qu'il en eût prevenu la semonce. Toutes lesquelles choses sont si peu raisonnables, qu'il me semble étrange qu'un homme de vôtre esprit & de votre capacité les ait proposées : si bien qu'il doit demeurer pour constant, que les Grecs ne soupoient pas de si bonne heure que vous le dites aux jours de fêtes & de debauches ; & puisque dès l'ouverture du Theatre les conviez de Chremes étoient déja chez lui, & qu'il les faisoit lui-même attendre, il s'ensuit que cette Comedie commence bien tard.

(*b*) *Jam dudum domi præsto apud me esse aiunt.*

CHAPITRE XXV.

De l'usage des bains parmi les Anciens.

PAROLES DE Mʀ. MENAGE.

(a) Quelle apparence de croire qu'Antiphile contre les préceptes de la Medecine & l'usage ordinaire . soit allée de la table au bain, que vous appellez vous même une action de santé.

Replique de Monsieur l'Abbé d'Aubignac.

PRemierement, il est absolument faux que j'aye dit que le bain du matin étoit une action de santé : j'en ai parlé seulement en termes generaux, & comme il n'étoit pas de mon sujet de traiter des causes pour lesquelles les anciens prenoient les bains, j'ai laissé la chose indecise, pour ne me pas charger comme vous de digressions hors d'œuvre : voici mes paroles, (*b*) *cette action ou de ceremonie, ou de santé, ou de politesse.*

Quant à la premiere cause, il y a eu presque (*c*) chez toutes les nations des bains, ou des baptêmes sacrez & faisans mystere de Religion. D'où vient peut-être qu'Aristote les nomme une chose sainte, & que l'on portoit souvent des offrandes dans les Thermes publics, on y

fai-

(a) *Pag.* 53. *ed.* 2. *p.* 80.
(b) *Pag.* 13.
(c) *Consulantur monumenta illa veterum , invenies eos balnea perinde ac Deorum immortalium munera religiosè adire solitos, aliquo relicto, aut sacro, aut voto, ut in Albulis legitur . in Clusinis, in Caldenariis & alibi. Bacc. de Ther. l. 2. c. 1.*

faifoit des vœux , & l'on y laiſſoit des marques de
veneration.   Il y en avoit même qui baignoient leurs
Idoles (*a*) , comme les Romains celui de la mere des
Dieux, dans le fleuve Almon le 26. de Mars : & les
(*b*) premiers Germains croyoient que leur Deeſſe ſe
baignoit dans un Lac, où ſes Prêtres entroient après
elle, ſans jamais en revenir.   Et cette devotion fut ſi
generale, que nous l'avons trouvée parmi les peuples
du Perou, qui la pratiquoient avec grande ceremonie.
Les Turcs l'obſervent encore fort religieuſement. Même il eſt aſſez remarquable qu'en Egypte le jour de l'E-
piphanie les Sarrazins & les Chrétiens diſputent avec
ceremonie & courent avec grand effort à qui ſe plon-
gera le premier dans une fontaine ſituée au verger qu'ils
nomment le verger du baûme.

(*c*) Et dans les memoires qui depuis peu nous ſont
venus de la Perſe , l'on y trouve certains peuples, qui
ſe diſent être de la Religion de ſaint Jean Baptiſte, ſans
néanmoins avoir rien de commun avec les Chrétiens,
& qui ſe lavent cinq fois le jour, croyant par ce moyen
acquerir & conſerver la Sainteté.

Et pour le regard de la ſanté & de la politeſſe', nous
en avons des témoignages bien formels dans (*d*) Baccius
en ce doĉte livre qu'il a fait des Thermes. Mais je n'eſtime pas qu'il ſoit beſoin de traiter plus au long ces matieres entierement éloignées de nôtre diſpute; & moins
encore s'il eſt contre les preceptes de la Medecine d'aller de la table au bain. C'eſt une doĉtrine que nous ne
devons toucher ni vous ni moi. Mais pour ce qui concerne l'uſage ordinaire & la pratique des Anciens, c'eſt
un fait qu'il m'eſt aiſé de juſtifier par les autoritez des
plus fameux Ecrivains, & je m'étonne que vous les
ayez

(a) *Ammian. l. 23. Ovid. l. 4. faſt. Auguſt. de Civit. lib. 2. c. 9.
Prudent. in Martyr. Rom. Arnobius ſic : lavatio Deûm matris eſt hodie : ſordeſcunt enim divi.*
(b) *Tacit. de morib. Germ. c. 13. Baccius l. 6. c. 28.*
(c) Lettres des Capucins d'Iſpahan à ceux de Paris.
(d) *De Therm. l. 7. c. 12. & 20.*

ayez oubliées, si vous les avez luës : ou que vous ayez
pensé qu'il m'étoit impossible de les trouver, s'il vous
en est souvenu. Car premierement pour ceux qui é-
toient bien sains, il n'y avoit point d'heures prescrites
rigoureusement par les Medecins (*a*) , comme pour les
malades. La même liberté fut donnée à ceux qui se
baignoient après quelque exercice violent, qui y re-
tournoient quelquesfois (*b*) jusqu'à sept fois le jour.
Ceux qui se servoient de leurs bains pour leur plaisir,
n'observoient aussi ni regle, ni mesure : & ceux-là même qui les prenoient pour un remede ordinaire (*c*) ou
par politesse, qui est le cas où nous sommes, n'avoient
point d'autre loi que le besoin & la coûtume, comme
nous trouvons (*d*) qu'Antyllus avoit accoûtumé de se
baigner en sortant de la table & d'en mieux passer la
nuit. Aussi lisons-nous une grande distinction des bains,
les uns nommez d'avant midi (*e*) , les autres du midi,
du soir, de la nuit & du matin ; d'où vient qu'ils a-
voient des lampes d'airain de deux, trois, & plusieurs
lumignons penduës dans les Thermes, pour y éclairer
toute la nuit, & l'on a remarqué que ceux qui se baignoient aux heures extraordinaires, payoient (*f*) un
plus grand droit que les autres. Aussi ouvroit-on les
Thermes dès le point du jour, & communément on
se baignoit depuis le midi jusqu'au soir, & la mode fut si
commune de se baigner au sortir de table & de retourner
après à de nouveaux festins, que (*g*) plusieurs Savans
en

(a) *Dati illius pracepti ut jejuno ventriculo ineundum agris balneum
sit. Bacc. l. 7. c. 21.*

(b) *Indifferenter tam hyeme quam astate quandocunque scilicet exer-
serentur, etiam septies die. Plin.*

(c) *Ad delicias citra ullam aut regulam aut mensuram. Bacc.*

(d) *L. 7. c. 27. ex Oribasio. Bac.*

(e) *Meridiana lavationes, &c. antemeridiana, &c. vespertina, &c.
nocturna, &c. Si clara Stephani balnea luce petas, in Apoph. Martial.*

(f) *Centumque petuntur quadrantes. Mart. l. 10.*

(g) *Jul. Cap. in Alexand. Sever. Vitr. lib. 5. c. 10. Pransuri ibant
in Balneum Athen. & post cœnam vide Cicer. in Orat. pro rege Deiot.
hac Luisinus in art. poët. horat. pag. 1235. Basilea. Varro. Columel.
Plutare. in sympos.*

en ont fait des plaintes, comme d'une gourmandiſe extraordinaire, & non pas comme d'une action dangereuſe pour la ſanté : Et ce qui vous doit ſembler plus étrange, eſt qu'un certain Aemitius dont parle Martial (& ſans doute à l'exemple de beaucoup d'autres) avoit accoûtumé de ſouper dans le bain. Mais ce qui eſt bien plus remarquable, c'eſt que c'étoit une des ceremonies des Bacchanales de ſouper, & de ſe baigner enſuite pour entrer dans le Sanctuaire, où l'on recevoit les Prêtres.

Nous l'apprenons de Tite-Live, quand il décrit fort au long toute cette impieté qu'un (a) Grec apporta jadis en Italie. Que ſi vous voulez prendre la peine de repaſſer par deſſus nos Satyriques anciens, (b) Horace, Perſe & Juvenal, vous y rencontrerez, je m'aſſeure, non ſeulement de quoi vous ſatisfaire en cette occaſion, mais de quoi vous convaincre, & vous faire avouër qu'il n'eſt pas contre l'uſage ordinaire d'avoir dit, que dans nôtre Comedie Antiphile ſe baigne devant le Soleil levé, quand même elle auroit été de la débauche de cette nuit. Mais pour revenir au fait particulier, j'ai fait voir au Chapitre IX. que cette jeune fille d'une vie bien plus modeſte que les autres compagnes de Bacchide avoit été miſe comme en ſequeſtre durant cette débauche, auprès de la perſonne de Soſtrate, & vous n'en pouvez diſconvenir ; d'où s'enſuit qu'elle ne fit pas ſi grande chere que les autres, & qu'elle ne fut pas ſi long-temps à table : & qu'ainſi elle pouvoit bien être en état de prendre le bain au temps du quatriéme Acte de la Comedie, qui ſe fait cinq ou ſix heures après ſon repas.

(a) *Græcus homo quidam ignobilis in Hetruriam primo attulit, &c. decimo die canatum deinde pure lautum in ſacrarium deducturum &c. Livius l. 39.*

(b) *Crudi, tumidique lavamur Horat. Turgidus hic epulis atque albo ventre lavatur. Perſ. Turgidus & crudum pavonem in balnea portas. Juven.*

repas. Auſſi ne voyons-nous point dans la Comedie qu'aucune autre qu'elle, ſe ſoit miſe au bain, le Poëte ayant fait ſortir Chremes du grand matin, faiſant connoître que (a) les deux jeunes hommes avec leurs Eſclaves étoient occupez enſemble en quelque grande deliberation, que la plûpart des autres (b) dormoient après la debauche, & qu'il étoit extraordinaire de voir (c) Chremes ſi-tôt levé, après avoir tant beu, & ſi j'ajoûte que le bain dont parle Terence, étoit ſeulement le bain ou le lavement des pieds & des mains, dont les Grecs & principalement les Atheniens uſoient ordinairement après le ſouper, comme (d) Athenée le traite fort au long: toutes vos mauvaiſes conjectures & vos ſubtilitez demeureront inutiles, & il paſſera pour conſtant que cette fille avoit peu ſe laver dans la nuit, & long temps devant le Soleil levé.

(a) *Conferunt conſilia adoleſcentes, Act. 3. Sc. 1.*
(b) *Dormiunt, Ego pol iſtos, commovebo.*
(c) *Te miror tam mané qui heri tantum biberis, Act. 3. Sc. 2.*
(d) *Lib. 9. in fine.*

CHAPITRE XXI.

Que Monsieur Menage propose les difficultés sans les resoudre.

PAROLES DE M^R. MENAGE.

** Le Prologue promet de dire en premier lieu, &c.*

Replique de Monsieur l'Abbé d'Aubignac.

J'Ai dit ci-deffus que vous avez feulement écrit pour multiplier les doutes, & non pas pour les refoudre, j'en pourrois donner plus de preuves qu'il n'y a de pages dans vôtre réponfe : mais en voici une qui fera juger de toutes les autres, & dont vous ne pouvez pas vous fauver par aucune explication. Vous propofez comme une chofe fort importante, que le Prologue de cette Comedie ayant promis d'éclaircir deux doutes qu'on lui pourroit faire, commence par le dernier, & fur cette illuftre difficulté digne à vôtre avis du Lycée & de l'Academie, vous rapportez les fentiment de divers Auteurs, de Scaliger, d'Eugraphius, de Govean, de Theodoricus & de quelques autres : & après avoir difputé, contredit & méprifé toutes leurs opinions, vous en demeurez-là ; fans nous donner la vôtre, fans nous témoigner au moins laquelle vous femble la plus probable, & fans nous dire feulement que vous laiffez à vos lecteurs la liberté d'approuver laquelle ils voudront. Ce moyen certainement eft bien facile pour faire de gros livres ; car on

trou-

* *Pag. 75.*

trouve assez de contrarietez parmi les Auteurs, sur tout, dans les faiseurs de gloses & de notes, parmi les Grammairiens, & les éplucheurs de la mauvaise critique; mais cela doit être condamné par tous ceux qui cherchent à s'instruire de la verité des choses, & vous ne vous en fussiez pas servi, si vous n'eussiez eu dessein de jetter par tout des tenebres, & de l'incertitude.

C'est pourquoi le conseil que vous donna l'un de vos meilleurs amis de retrancher de vôtre réponse cet endroit inutile, & si peu judicieux en la seconde édition fut fort raisonnable, & ce que vous avez fait de mieux.

CHAPITRE XXII.

Observations mêlées sur differens lieux de la réponse de Monsieur Menage.

SI j'écrivois avec malignité, comme vous, pour vous faire injure, & non pas pour sauver de la tyrannie la verité persecutée, je ferois voir aisément que vous n'avez pas étudié la plus grande partie des choses dont vous parlez, & que vous ne parlez pas de celles que vous savez, pour en instruire vos lecteurs : mais seulement, en leur donnant une apparence contraire à mes sentimens, afin d'autoriser la vanité que vous preniez avant l'impression de vôtre réponse, de ne me pas laisser une seule parole sans y contredire.

(a) Vous accusez Euripide comme d'une grande faute dans les Phæniffes, de ce qu'il ne fait pas mourir Menæcée sur le lieu de la Scene, & vous ajoûtez que par ce moyen il a privé le Theatre des beaux sentimens qu'il eut fait sortir de la bouche d'un Prince mourant pour sa Patrie : mais vous n'êtes pas d'accord avec Euripide, ni (b) avec Monsieur Grotius, qui l'a mieux observé que vous : voyez ce qu'il en dit dans sa preface sur cette Tragedie : cette mort de Menæcée qui se precipite du haut d'une tour, ne se pouvoit representer commodément sur le lieu de la Scene, étant un de ces spectacles que Monsieur de la Mênardiere appelle fort raisonnablement, dangereux; & néanmoins Euripide n'a rien fait perdre au Theatre. Car faisant paroître Menæcée dans la resolution de se precipiter, il lui fait dire toutes les belles choses que l'on en pouvoit attendre, & son corps étant rapporté peu de temps après, oblige les autres

---

(a) *Pag.* 43. *edit.* 2. *p.* 69.
(b) *Hoc quoque deliquium sanavit Euripides, cum Menecæ verba tribuit digna mortem voluntariam, &c. jamjamque, &c.*

autres Acteurs de faire de justes plaintes , & met dans
le cœur des spectateurs la tendresse & la compassion Si
bien que le Poëte évite ingenieusement ce qu'il y avoit
de fâcheux dans son sujet , & conserve tout ce qu'il y
avoit d'agreable & d'excellent.

(*a*) Vous voulez qu'il ne reste plus aucun Acteur sur
le Theatre quand l'acte finit. J'avoüe qu'autrefois j'é-
tois dans cette erreur aussi bien que vous, & quelques mauvais Glossateurs.   Mais après avoir bien examiné (*b*) l'Hecube d'Euripide , (*c*) l'Amphitrion de Plaute , & quelques autres pieces anciennes, je m'en suis
detrompé , & sachez que ce n'est pas l'absence des Acteurs qui finit l'Acte; mais la cessation de l'action , &
qu'il acheve quand le Theatre demeure muet & sans
action; non pas quand il est vuide. En quoi l'on peut
reconnoître la faute de ceux qui mettent souvent le
Theatre sans paroles , encore qu'il soit plein d'Acteurs;
mais nous traiterons cela ailleurs.

(*d*) Je ne sai non plus pourquoi vous ne voulez pas
qu'un Acteur restant seul sur le Theatre , où il étoit auparavant en compagnie , fasse une nouvelle Scene , c'est
bien la pensée de Muret; mais tous nos modernes plus
habiles que lui dans le secret du Poëme Dramatique,
en usent bien autrement. J'en appelle donc de vôtre
imagination à leur pratique, & de la decision d'un commentateur , au sentiment de tous les Poëtes , & de tout
le peuple , & même de Donat sur Terence.

Vous n'avez pas mieux rencontré d'avoir dit que le
Chœur parle toûjours en singulier, & qu'on lui parle de
même. Car si vous consultez le quatre Grecs qui nous
restent , vous trouverez que le Chœur étant composé
de plusieurs personnes ne parle presque jamais qu'en plu-
riel , & qu'on ne lui parle guere autrement, si ce n'est

quand

(a) *Pag. 51. ed. 2. p. 78.*
(b) *Euripid, Hecub. act. 1.*
(c) *Amphit. act. 1. & 4.*
(d) *Pag. 52. ed. p. 78.*

quand il s'agit de l'interêt particulier, & de la condition du Coryphée, comme on le peut remarquer en quelques endroits de l'Ajax Furieux de Sophocle.

Et ayant leu Athenée, comme je le croi, vous savez bien qu'il n'y a pas si grande peine que vous dites à trouver une piece de Theatre (hors le Rhesus d'Euripide que nous avons, & la Nyctegresie d'Actius que nous n'avons plus) dont l'action se soit passée la nuit. Car cet Auteur allegue le veillant d'Hypparchus, les veillantes ou les fileuses d'Alexis, la veille de Pherecrates, & celle de Calippus, & la longue nuit de Platon le Comique, avec d'autres intitulées le Sommeil ou la veille attribuées à Antiphanes, ou à Alexis & à Eubulus, & les fragmens qu'il en rapporte, nous donnent assez de lumiere pour nous persuader qu'elles se font faites de nuit.

Quand vous avez allegué ce vers, (*a*) *Lumbi sedendo, oculi spectando dolent*, vous ne saviez pas qu'il est des Menechmes de Plaute, car vous ne l'auriez pas cité contre le sens de l'Auteur, pour l'effet d'une Comedie trop longue & trop ennuieuse. Vous l'avez pris de Scaliger, & vous avez crû que c'étoit un vers de quelque Prologue. Mais c'est le discours d'un valet qui s'étoit ennuyé d'avoir attendu trop long-temps un Medecin devant sa porte ; & si vous prenez la peine de revoir Scaliger, vous trouverez qu'il l'employe dans un sens d'accommodation, & comme il dit lui-même en raillerie; mais quand il s'agit d'instruire les lecteurs, il faut être plus exact, & ne rien alleguer contre le sens veritable des Auteurs.

(*b*) Vôtre observation sur ces paroles de Terence, *contaminari fabulas* est aussi peu raisonnable que necessaire : & vous faites parler (*c*) Donat contre son propre sens.

(a) Pag. 63. ed. 2. p. 88.
(b) P. 66. Il n'y en a rien dans la 2. édition.
(c) *Contaminari & tangi & relinqui polluta manu : at per hoc voluit fœdari, commaculari. Donat. Terent. And. Prolog.*

fens. Car s'il ajoûte *ex multis unam non decere facere*, ce n'eſt pas pour expliquer la fignification de ces paroles, *gâter les Comedies*, car il n'y peut avoir aucune ambiguité; mais c'eſt qu'il repete le moyen par lequel on diſoit que Terence les gâtoit.   Je m'en raporte à tous ceux qui le liront, & les exemples feroient bien rares s'il falloit prouver que *contaminare fabulas* fignifie de deux Comedies en faire une, & non pas les corrompre par ce mêlange, qui eſt la veritable penſée de Terence & de Donat, comme on le peut faire encore par d'autres mauvaiſes pratiques.

(*a*) Que le mot *heri* ne fe puiſſe dire d'une choſe qui vient d'être faite, voyez (*b*) Plaute dans l'Acte 1. & 2. de l'Amphitrion, où il eſt employé quatre ou cinq fois dans ce fens; auffi felon l'ufage ordinaire, parlant de ce qui s'eſt fait, même depuis la minuit, nous difons *hier* dès lors que nous voyons le jour.

(*c*) A quoi bon d'alleguer un Commentaire pour nous perſuader que chez les Grecs l'appartement des femmes étoit feparé de celui des hommes, veu que c'eſt une choſe triviale que tous les Auteurs difent en mille endroits, & que les femmes mêmes n'ignorent pas? Mais c'eſt que quand vous alleguez du Grec, vous penſez être un illuſtre, comme fi nous étions les efclaves des mauvais (*d*) Grecs, & non pas leurs Correcteurs.

Je n'eſtime pas auffi digne de vous, ni de moi, le difcours qui fe pourroit faire contre la mauvaiſe confequence que vous tirez de ce que Clitiphon dit en notre Comedie, qu'il avoit envoié ſon efclave en ville ou à la ville, car de là vous vous imaginez qu'on doit conclure qu'il étoit au champ & non pas dans la ville d'Athenes,

(a) *Pag.* 71. *ed.* 2. *p.* 96.
(b) *Prius abis quam lectus ubi cubuiſti, concaluit locus, herè veniſti, media nocte nunc abis,* Act. 1. Sc. 3.
Qua nocte ad me veniſti eadem abis, &c. Act. 2. Sc. 2.
(c) *Pag.* 72. *edit.* 2. *p.* 98.
(d) *Quaſi vero graculorum famuli fimus nec non emendatores,* Scal. *l.* 5. *c.* 4. *P.* 25. *edit.* 2. *p.* 50.

thenes, où le Poëte a mis certainement la Scene de
cette piece. Je ne veux pas vous objecter que cette interpretation est bien grossie re ; mais je vous puis asseurer qu'elle n'est pas capable de surprendre les moindres
valets de Paris ; & les plus stupides courtaux de boutique. Car il n'y en a point qui ne sachent qu'aller en
ville ou à la ville ne veut dire autre chose, que sortir
de sa maison pour aller en d'autres endroits de la ville,
faire ses visites, ou travailler à ses affaires, comme aussi revenir de ville, ou de la ville , signifie seulement retourner des autres lieux de la ville en sa maison, sans
que jamais personne ait entendu par ces termes des voia-
ges faits des champs à la ville, ni de la ville aux champs.
Et si votre pensée étoit veritable, il n'y auroit aucune
maison dans Paris dont les maitres ne demeurassent aux
champs. Car il n'y en a point dont les valets ne disent
tous les jours, qu'ils sont allés à la ville, ou qu'ils ne
sont pas encore revenus de la ville, & il n'y a point de
marchand dans la ruë saint Denis , qu'on ne pût croire être souvent aux champs, puis qu'il n'y en a point
qui ne répondent assez souvent, qu'ils ont envoié leurs
garçons à la ville, & qu'il faut attendre que leurs garçons soient revenus de la ville. Voila, certes, un beau
secret que vous avez trouvé, pour transporter Paris à
la campagne, sans en abbatre un pan de muraille, &
selon cette belle subtilité on pourroit dire qu'il y a peu
de Comedies de Plaute ou de Terence, dont la Scene
soit dans les villes ; car il y en a peu dans lesquelles il
ne se rencontre quelque Acteur, qui parle aux mêmes
termes que Clitiphon en celle qui fait notre dispute.

Je pensois trouver à la fin de votre Ouvrage, quelque
compliment pour addoucir l'aigreur du stile, dont vous
avez écrit contre moi ; car vous étant dédit vous-même
au sujet & au fond de notre dispute, j'avois pensé que
vous en feriez autant en la maniere, dont vous m'avez
traité, & que l'honnêteté n'auroit pas moins de pouvoir
sur votre humeur, que la verité sur votre esprit. En
effet, puis que vous demeurez d'accord avec moi, que

la

la Comedie de Terence eſt daus les regles du Theatre,
vous ne deviez pas finir contre celles de la bien ſeance;
& comme en peu de parol es vous avez fait connoître
que vous n'avez écrit contre la raiſon que par caprice,
vous n'en deviez pas, ce me ſemble, refuſer autant pour
me faire croire que vous n'avez écrit contre moi que
par forme de divertiſſement ; mais vous n'avez pas été
plus civil à la fin qu'au commencement.

Je ſai bien qu'en m'envoiant votre livre, vous m'é-
crivites une lettre de complimens; mais fort ſuccinte,
& qui même vous fut inſpirée avec quelque violence par
un de nos amis : Telle qu'elle eſt neantmoins je vous
en remercie, & je n'en repeterai point ici les paroles,
afin que l'on ne ſache point que vous avez dit du bien
de moi, quoi que par contrainte, puis que vous avez tant
d'averſion à bien parler d'autrui : & * ſi vous n'avez
loüé Mr. Corneille qu'en Latin, afin que moins de per-
ſonnes le ſceuſſent, vous n'avez pas dû faire imprimer
des loüanges & des excuſes en faveur d'un homme qui
vaut beaucoup moins. Je vous en quitte de bon cœur,
& même de la croyance que vous devez à toutes mes
raiſons.

Voilà ce que les intervalles d'une indiſpoſition la plus
contraire à l'étude, & preſque continuelle, & de deux
affaires grandes & très-penibles ont peu produire pour
la defenſe de la verité. Ce que j'en ai fait, eſt ſeulement pour montrer que ceux qui dans un diſcours
d'inſtruction poſent les maximes toutes ſimples, ſans
embarras d'allegations importunes, ni de langues étrangeres, n'en manquent pas, quand ils s'en veulent ſervir, pour autoriſer ce qu'ils enſeignent, & qu'ils ſont
toûjours plus veritables dans leur ingenuité que ceux qui
ſe cachent à l'ombre de toutes ces choſes, pour faire paſſer
inſenſiblement quelque impoſture. Mais faites doreſ-
enavant tout ce que vous voudrez, cherchez à contredire toutes mes raiſons par de fauſſez ſubtilitez; cor-
rompez tous les Textes que j'ai citez par les Notes de

quel-

* *Pag. 69. ed. 2. p. 94.*

quelque mauvais Critique, mal pensées, mal écrites, ou mal entenduës : employez des argumens qui pechent dans la forme & dans la matiere, imputez moi cent erreurs, accusez tous les Doctes, dérruisez toutes mes paroles, remettez tout ce que nous savons de l'antiquité dans un nouveau chaos, ravagez toutes les Sciences, égorgez la verité sur les Theatres & sur les Autels : Je declare ici publiquement que je ne prendrai pas la peine de vous répondre une seconde fois. Ceux qui vous croiront, travailleront à se detromper eux-mêmes, si bon leur semble, & pour vous donner le plus beau champ de discourir que vôtre humeur puisse jamais souhaiter ; Je vous laisse en pleine liberté d'écrire, & de medire tant qu'il vous plaira, de quelle sorte il vous plaira, & de tous ceux qu'il vous plaira, sans aucun ressentiment, & sans me rendre davantage guarand des veritez publiques, ni de la doctrine des Anciens.

Encor pourrois-je en cette Apologie
Contrequarer votre Battologie,
Et la raison bien vous rembarreroit ;
Mais qui voudroit propaginer la noise,
Verbisiant comme vous à la toise
  * *S'heautontimorumeniseroit.*

   * C'est-à-dire, se châtieroit soi-même.

F I N.

www.ingramcontent.com/pod-product-compliance
Lightning Source LLC
LaVergne TN
LVHW011946180726
843502LV00005B/1346